湖南省知识产权局软科学项目"构建高效知识产权管理体制机制的战略思考"（编号：2016P015X）

　　湖南省知识产权局软科学项目"新形势下新型工业化专利保护及产业化推进"

创新驱动发展战略与知识产权管理体制机制综合改革研究

邓子纲 曹前满 著

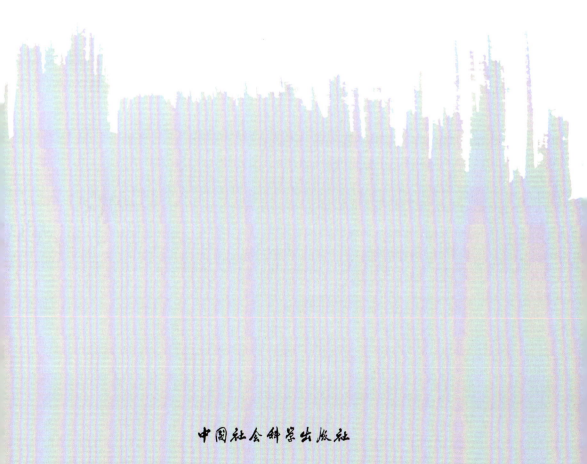

中国社会科学出版社

图书在版编目（CIP）数据

创新驱动发展战略与知识产权管理体制机制综合改革研究/
邓子纲，曹前满著 . —北京：中国社会科学出版社，2017.5
ISBN 978 - 7 - 5203 - 0431 - 3

Ⅰ.①创… Ⅱ.①邓… ②曹… Ⅲ.①区域经济—国家创新
系统—研究—湖南 ②知识产权—管理—体制改革—研究—湖
南 Ⅳ.①F127.64 ②D927.640.340.4

中国版本图书馆 CIP 数据核字（2017）第 111564 号

出 版 人	赵剑英	
责任编辑	李庆红	
责任校对	周　昊	
责任印制	王　超	

出　　版	中国社会科学出版社	
社　　址	北京鼓楼西大街甲 158 号	
邮　　编	100720	
网　　址	http：//www.csspw.cn	
发 行 部	010 - 84083685	
门 市 部	010 - 84029450	
经　　销	新华书店及其他书店	

印　　刷	北京明恒达印务有限公司	
装　　订	廊坊市广阳区广增装订厂	
版　　次	2017 年 5 月第 1 版	
印　　次	2017 年 5 月第 1 次印刷	

开　　本	710 × 1000　1/16	
印　　张	14	
插　　页	2	
字　　数	208 千字	
定　　价	59.00 元	

凡购买中国社会科学出版社图书，如有质量问题请与本社营销中心联系调换
电话：010 - 84083683

目　录

第一章　知识产权发展趋势与国际国内制度的背景

　　知识和技术创新成为经济发展和社会进步的直接动力。经济全球化背景下，各国知识产权国际合作不断加强。全球实行知识产权制度的196个国家和地区中，184个国家和地区实行专利和商标"二合一"或专利、商标和版权"三合一"的集中式行政管理模式，而且实行"二合一"的国家或地区近年也一定程度上实现了其"三合一"实质转换。另外，世界知识产权组织（WIPO）和世界贸易组织（WTO）等知识产权管理有关国际组织，均采用统一知识产权管理的模式。知识产权成为世界贸易的"标配"、是国际竞争的重要话语权，争夺这一话语权就必须有完善的知识产权管理制度作保障。

　　美国专利局成立于1802年，英国专利局设立于1852年，德国1877年建立了本国的专利制度，专利制度发展已有200年了，因世界各国（地区）在不同的历史背景下对知识产权行政管理机构的设置模式做出不同的选择，演绎出不同的管理体制。这些管理体制或制约或促进着知识产权的创造、保护与运用。全球化的市场背景，共同的技术与产权发展规律，各类知识产权管理形态已趋向融合，在行政效率追求与国际话语权夺取中，知识产权行政管理正朝着集中管理模式演进。如今日本将知识产权立国定为国策，韩国实施了知识产权强国战略，印度软件产业崛起也得益于有效的知识产权管理。知识产权的规则与制度，具有更强的国际化和标准化刚性，在各国之间具有更大通约性。我国要深入实施创新驱动发展战略，加快建设知识产权强国，必然要深化改革知识产权管理体制机制。在知识产权国际化发展和国际竞争进一步增强的趋势下，需要借鉴一些知识产权强国管理体制的主要经验。按照《中华人民共和国国民经济和社会发展第十三个五年规划纲要》中全面实施国家创新驱动发展战略的总体要求和建设知识产权强国的具体要求，就必须要深化改革知识产权管理中阻碍创新的体制机制，力争 2020 年基本实现知识产权治理体系和治理能力现代化。

一　国际知识产权行政管理已由
分散管理趋向集中

世界各国（地区）知识产权行政管理形态不断演进发展。西方发达国家也是从薄弱的知识产权保护规则逐步发展到完善的知识产权体系，而且在 19 世纪和 20 世纪，许多现在的发达国家当时都有过拒绝保护专利。法国、德国和瑞士等国家直到 20 世纪 60 年代和 70 年代才开始执行较为完善的知识产权保护政策。

当前，世界各国知识产权行政管理体制主要采取以下三种模式：一是集专利、商标和著作权为一体的"三合一"管理模式；二是集专利和商标为一体，但著作权分置于外的"二合一"管理模式，这是一种相对集中的管理模式；三是专利、商标和著作权分属不同的行政管理机构的"分别管理"模式，即分散的管理模式。全世界实行知识产权制度的 196 个国家和地区中，绝大部分国家均实行集中管理，其中，英国、加拿大、韩国、新加坡、中国台湾和中国香港特别行政区等 74 个国家和地区实行专利、商标和版权"三合一"行政管理体制。美国、法国、德国、日本、印度等 110 多个国家和地区实行专利和商标"二合一"行政管理体制，称为工业产权局或专利商标局。其中也有不少国家或地区也在向"三合一"或"二合一"模式改革。中国大陆、阿联酋、沙特阿拉伯、巴基斯坦、利比亚、希腊、埃塞俄比亚、埃及、朝鲜等不到 10 个国家实行专利、商标、版权分散管理体制，这些国家的特点是知识经济相对欠发达。

（一）"二合一"模式

1. 美国

1897 年，美国国会设立版权局，后来版权登记从地区法院转移集中到国会图书馆，下设总法律顾问办公室、政策和国际事务办公室、公共信息和教育办公室等 7 个主要机构。主管著作权业务，其主要职责是，执行著作权法及半导体芯片保护法，并就著作权的法规和政策对国会、法院及行政部门提供咨询。

美国专利局成立于 1802 年，直属国务院，1975 年发展为专利商标局，2000 年改隶属商务部。除了保障其职能履行的人力资源、财务、计划和预算办公室之外，主要职能机构有专利局、商标局、公共咨询委员会、政策和国际事务办公室等。主管专利与商标业务，主要接受专利和商标的申请，对专利申请的审核、授权以及专利文献的管理、技术评估及预测。美国专利商标局已进行机构改革，实行企业化管理，其目的是通过市场推动来提高专利和商标审查服务工作效率，促进专利审查方面的国际合作，以为社会公众提供更优质的服务，不具备协调、指导全国专利工作的职能。另外，其他政府部门如国防部、能源部、农业部、环保署、卫生部、航空航天局等，也都有各自的专利管理部门，有权以本机构的名义进行专利申请、维护及许可转让等。美国注重政策体系中知识产权的规制与导向作用，强调知识产权制度与产业政策、科技政策、文化政策的有机整合。美国知识产权事务与贸易紧紧地捆绑在一起，其贸易代表办公室负责知识产权方面的国际贸易谈判和"特别 301 条款"的执行。美国商务部和贸易代表办公室发挥着知识产权协调职能。商务部在知识产权创造、保护和运用等一系列环节的政策协调中，履行了重要职责，尤其是对专利商标局和版权局的协调。贸易代表办公室的协调机制，"主要是通过贸易政策评估小组（TPRG）和贸易政策参谋委员会（TPSC）来协调的。这两个组织由 19 个联邦政府部门和办公室组成，形成了处理和协调国际贸易和与贸易相关政策问题的仅次于内阁层次的协调机制。"①

知识产权保护方式主要是司法保护。在美国，强大的非政府组织参与知识产权管理，参与知识产权保护的非政府组织非常多，有综合性的、专业性的，有地区性的、国际性的，有企业的行业协会、专业的律师协会等，诸如国际知识产权联盟（IIPA）、国际商标协会（IN-TA）、信息产业协会、知识产权法律协会（AIPLA）等。而且，知识产权管理的政府机构也主动寻求与这些组织和重点大学等社会主体进行合作。

2. 法国

法国专利和商标集中统一于法国国家工业产权局，隶属于经济、工业和数字化部；著作权事务没有专门的管理机构，主要由一些商业性服务机构承担，而文化部负责代管一些著作权政策事务；植物新品种保护由农业部负责，并分设植物新品种委员会、国家产地名称局等机构。国家工业产权局是"负责工业产权的部长职权之下的一个拥有民事资格和财务自主权的公共机构"，实行独立核算，以收抵支，没有国家拨款。其主要职责包括：代表政府起草专利、商标、外观设计等工业产权法律及相关实施细则；受理、审批专利和外观设计申请、商标注册申请，颁发证书，并监管其维持情况；负责商业和企业注册的管理工作以及许可合同的登记工作；参与制定国际协议，并在世界知识产权组织（WIPO）、欧洲专利局（EPO）、欧洲内部市场协调局（OHIM）等相关国际组织中代表法国；收集和传播工业产权信息，提供工业产权咨询和培训。此外，还负责工业产权和反假冒领域公共政策的制定和执行。法国文化部下设文学和艺术最高理事会，董事会控制下的集体管理组织，分设不同部门，署理不同的著作权事务。此外，还有法国文人协会、法国作者作曲者音乐出版者协会等著作权服务机构，也承担软件作品的登记。

3. 日本

日本知识产权体系庞大，形成了以经济产业省为主，文部科学

---

① USTR, https：//ustr. gov/about – us/, 2015 – 08 – 08.

省、农林水产省为辅的管理体系。经济产业省下设的日本特许厅，负责发明、实用新型、外观设计的审查，以及商标的注册，主要业务部门有总务部、审查业务（商标）部、专利审查部（根据审查对象的不同分为四个审查部）和审判部特许厅，管辖了 9 个公益法人组织（为民间组织和机构），旨在加强日本政府和民间企业、团体的协作，加强跨行业民间企业团体之间，以及与各国相关机构之间的合作。此外，经济产业省还负责反不正当竞争、企业商号的注册等。文部省下属的文化厅，负责著作权的管理工作；财团法人软件情报中心负责半导体电路登记事务。日本在 21 世纪初开始实行知识产权国家战略，即"知识产权立国"，2002 年 7 月通过《日本知识产权战略大纲》，同年 11 月日本国会通过了《知识产权基本法》。① 2003 年 2 月，成立了内阁总理担任部长的知识产权战略本部，作为战略实施的最高机构负责知识产权战略推进，并协调知识产权各部门。日本在中央和地方都成立了知识产权战略本部，具体负责战略实施的统筹、协调工作。战略本部内常设机构为知识产权战略推进事务局，另设 7 个专门调查委员会，对热点问题进行调查，出具报告和意见。日本知识产权管理体系中，非政府组织发挥着重要作用，如全国性知识产权协会，协会总会下设发明委员会、实用新型委员会、外观设计委员会、商标委员会等 12 个专门委员会，主要进行与知识产权相关的各种制度的调查研究，知识产权管理及战略的调查研究，知识产权情报信息收集和提供等。②

4. 韩国

韩国 1949 年在工商部下的专利局，更名为工业产权局，2000 年再更名为知识产权局。2006 年，按照行政机关设置与运作法案，知识产权局在法律地位上成为中央行政机关，隶属科技部。2008 年，对知识产权局进行重组，内设机构有审计监察部、质量保险检查部、知识

---

① 《综述：日本法律和技术手段并重保护知识产权》，新华网，http：//news. xinhua-net. com/world/2016 – 04/27/c_ 1118755105. htm。

② 曾德国著：《知识产权管理》，知识产权出版社 2012 年版，第 22 页。

产权政策局、知识产权保护与国际合作局、商标及设计审查局、专利审查局。韩国知识产权局主要职能是致力于知识产权的创造和运用，增强地方和国际层面的知识产权保护。负责以专利和商标为主的工业产权；负责对发明、实用新型、外观设计和商标申请实行审查、授权和注册；制定保护商业秘密发明的政策；对半导体集成电路布图设计进行注册。韩国知识产权局，还署理一些知识产权执法、宣传及人才建设方面事务；解决知识产权相关纠纷；打击假冒活动；管理并公布知识产权文献与信息；鼓励发明创新活动；开展知识产权领域人力资源建设。同时，知识产权局内设工业产权审判庭，专门审理工业产权的发生、变更、消灭及效力范围等纠纷。著作权、计算机软件等，则由文化体育观光部及其下设的著作权委员会署理。韩国著作权委员会也是著作权审议调停委员会，依著作权法成立，履行关于著作权的调查研究、教育培训、著作权登记、委托管理审议、纠纷调停、信息管理体系开发等职能。另外，韩国文化体育观光部著作权保护课、信息通信部信息通信政策局软件振兴组、著作权团体联合会等，也参与其相关的著作权事务。韩国加强跨部门的协调机制，建立多主体相互配合协调的知识产权保护体制。韩国特许厅联合相关部门在 2009 年 3月制定《知识产权的战略与愿景》①，定期召开联席会议。政府高层部门的协调机构是直属韩国总统领导的国家竞争力强化委员会，2009年 8 月，审议通过了与 13 个政府部门联合制定的《知识产权强国实现战略》②，明确了不同管理部门的责任。韩国积极加入国际知识产权组织，争取国际空间和发言权，2011 年成立了直属总统的"国家知识产权委员会"，整合并协调各部门各自为政的知识产权政策，并制定系统的国家知识产权的长远规划和蓝图。该委员会由国务总理和民间委员任共同委员长，下设实务运营委员会、专门委员会（如创新、保护、使用、新知识产权等），并设立了知识产权计划事务局。

① 付明星：《韩国知识产权政策最新动向》，人民网，http：//ip. people. com. cn/GB/11071325. html，2010 年 3 月 4 日。
② 《韩国推进知识产权战略》，《经济日报》2009 年 8 月 5 日。

（二）"三合一"模式

1. 英国

英国知识产权局由世界上最早的专利注册机关即英国专利局（UKPO）（1852 年设立）发展而来。1875 年外观设计注册局并入专利局，开始承担商标注册的职能；1990 年作为政府机关隶属贸易和工业部；2007 年 4 月，英国专利局更名为知识产权局，并于同年 6 月划转英国创新、大学与技能部（DIUS）。英国知识产权局下设商标与外观设计部、著作权与知识产权执行部、专利与辅助审查部、创新与战略沟通部、国际政策部、信息部、人力资源与行政管理部、财务部[①]，该局主要职责是：专利、设计、商标和著作权等方面的申请受理、审核和批准；知识产权宣传教育；提供法律咨询；纠纷调解服务（收费）；研究和推动科技创新和知识产权的商业化，提升中小企业的竞争力。英国知识产权行政管理机构不直接承担行政执法任务，只是在力所能及的范围内参与解决法律问题或冲突。

2. 加拿大

加拿大知识产权局隶属于加拿大工业部，主要职能是进行专利、商标、著作权、商业秘密、工业设计、集成电路布图和植物新品种 7 类权属的注册与保护。加拿大知识产权局是一个副部级机构，下设企业战略与服务部、专利部、商标部、著作权及工业设计部、商标异议委员会、专利申诉委员会、企业解决方案部、信息部。其中，商标异议委员会与专利申诉委员会具有准司法职能。皇家骑警总部设于渥太华；竞争局同属工业部，与知识产权局平级，分管市场竞争中出现的知识产权问题。此外，加拿大食品检验局管理植物新品种的申请，加拿大互联网注册管理局现在负责管理域名系统。而知识产权行政执法，则由加拿大皇家骑警和竞争局负责[②]：皇家骑警的主要职能在于

---

① See UK Intellectual Property Office, Intellectual Property Office：Structure Chart（Apr. 17, 2015），https：//www. gov. UK/government/publications/intellectual – property – office – structure – chart（last visisited May12，2015）.

② 易继明：《构建集中统一的知识产权行政管理体制》，《清华法学》2015 年第 6 期。

打击假冒、盗版商品等；竞争局则负责与不正当竞争行为相关的执法，也参与相应的立法活动。近年来，为应对来自国内外的知识产权保护方面的压力，加拿大皇家骑警加强与边境服务署及其他执法机构的合作，开展了诸如"联合边境战略"等针对边境知识产权保护的多部门联合执法行动。

3. 俄罗斯

俄罗斯联邦知识产权局原隶属于俄罗斯联邦教育科学部，2011 年成立俄罗斯联邦知识产权局，直属于俄罗斯联邦政府。教育科学部原知识产权、专利和商标局职能，以及军用、专用和军民两用知识产权成果权利保护署职能，一并划转俄罗斯联邦知识产权局。该局主要负责受理和审批俄罗斯联邦发明专利、实用新型、工业品外观设计、商标、特殊服务标记、原产地名称、计算机程序、数据库、集成电路布局设计等权属申请，同时也负责管理著作权和接邻权事务。联邦知识产权局内设四个职能部门：财务管理司、国际合作与信息保障司、知识产权法律保护管理司、智力活动成果利用领域检查与监督司。同时，该局下属三个独立机构：俄罗斯联邦工业产权院、俄罗斯联邦专利纠纷院、俄罗斯联邦国家知识产权学院。俄罗斯联邦设立育种成就使用与保护国家委员会，负责保护育种成就。另外，俄罗斯原子能机构是国有原子能公司，负责受理秘密发明和军事秘密发明的申请。

4. 德国

德国在 1877 年就建立了国家专利制度，1998 年 11 月更名为德国专利商标局（DPMA），成为德国工业知识产权领域的国家主管机构，是欧洲范围内最大的专利和商标局。德国专利商标局隶属于联邦司法部管辖，负责主要的知识产权事务：专利、实用新型、外观设计（包括集成电路布图设计）、商标的授权、登记、管理及公布；药品补充保护证书审批；著作权政策制定及管理；雇员发明争议调解；著作权及相关权利争议调解。该局由下列 5 个主要部门组成：专利 I 部和专利 II 部、信息部、商标、实用新型和外观设计部、行政与法务部。同时，该局下设 2 个仲裁处。该局在各地设分支机构，实行有偿服务，是非财政拨款的政府部门。隶属德国司法部的专利商标局除了负责专利、商标事务之外，还负责著作权管理、权属争议调解及相应的政策制定；但是，著作权法律的拟定，由司法部直接负责。非典型的著作权行政管理事务，虽置于外，但不影响德国专利商标局"三合一"行政管理模式的基本架构。其他涉及知识产权保护的有关行政部门有：联邦经济和劳动部、联邦财政部及其纽伦堡高级财政管理委员会。联邦司法部负责政府层面的知识产权保护的法律、欧盟的相关立法和TRIPs 协议等事务。联邦经济技术部负责管理国际贸易政策中涉及的知识产权具体事宜，比如代表德国参与欧盟就世界贸易组织知识产权问题的谈判。联邦财政部纽伦堡高级财政管理委员会负责海关中的知识产权事务。为进一步协调全国工商业领域知识产权保护工作、加大执法力度，1995 年，在纽伦堡高级财政管理委员会下专门成立了"工商业法律保护中心"，主要任务是协调海关系统对境内涉嫌侵权进出口商品的查扣工作，阻止主要来自外国的假冒商品进入零售领域，为工商业界提供法律保护。另外，德国农业部下设品种局，负责植物新品种审查登记工作，并接受联邦政府的食品部门、农业部门及消费者保护部门的监管。

（三）"二合一"趋向"三合一"演变态势

知识产权"三合一"行政管理体制已是世界大趋势。从世界范围来看，伴随世界上最早的专利注册机构英国专利局演化为英国知识产权局，各国或地区知识产权行政管理出现了从分散走向集中统一的趋势。特别是随着工商业发展，著作权领域出现文艺著作权和工业著作权的分化，特别是著作权及其相关产业与市场的推动，世界各主要创新型国家或地区的知识产权行政管理呈现出进一步集中化的趋势。包括美国和日本在内的世界上大部分国家和地区采取专利和商标的"二合一"行政管理体制的原因是专利和商标的权利获得，必须通过申请、审查、授权等程序才能实现，而著作权（版权）不需要相应的行政机构审查授权而自动取得，所以没有必要将版权纳入行政管理的范围。但是，随着版权在经济发展中的作用越来越大，将版权纳入知识产权行政管理体系，实行专利、商标和版权的"三合一"行政管理体制，已经成为越来越多的国家和地区的选择。许多实行"二合一"模式的国家，如法国国家工业产权局只统一管理专利和商标类的事务，版权并不在其管理范围之内，但法国工业产权局使用了一种 Soleau 信封备案制度。适应国家知识产权战略需要，如美国、日本、韩国等，纷纷推出了自己的知识产权国家战略。日本和韩国在"二合一"模式之外，又分别成立了由政府首脑领衔的知识产权战略本部、国家知识产权委员会，以便统筹和协调知识产权事务，一定程度上实现了其"三合一"实质转换。韩国政府将知识产权战略作为基本国策，将本国的知识产权法提升到国际标准，借以提升整个国家的产业水平，由人口和面积小国转变成知识产权大国，2003 年韩国国际专利申请量2947 件，居世界第 7 位。[①]

（四）国际机构的集中化管理惯例

1. 知识产权的集中统一管理是技术发展内在规律的要求

知识经济时代"财产的非物质化革命"进程加快，使知识产权的权利体系不断扩张，域名权、商品化权、信用权等新的权利类型不断出现。知识产权制度随之愈加体系化，对行政管理系统的统一性要求更高，这无疑增加了现代知识产权管理的难度，更需要有统一的知识产权行政管理体制来进行科学管理。近年来，专利、商标、版权、地理标志、植物新品种、商业秘密等知识产权出现融合发展趋势，特别是战略性新兴产业、农业领域尤为突出。经济全球化、数字化、网络化趋势，对知识产权保护提出了更高的要求，现代生物技术特别是基因工程技术、微电子技术的计算机硬件和软件的发展，对知识产权保护带来重大影响和挑战，信息传播技术的发展特别是国际互联网的应用、复印技术和音像制品复制技术的迅速发展，大大增加了版权保护的难度。以云计算产业为例，不仅涉及服务器、终端设备、数据迁移等专利，还涉及品牌策划与运作、集成电路版权注册及商业秘密，企

---

① 《韩国的专利战略及其启示》，南方网，http：//economy. southcn. com/e/2015 - 04/21/content_ 122696439. htm。

业根据技术类型、服务模式、商业模式、保护力度等需求将综合运用这些不同类型的知识产权进行保护，以此培育和增强企业核心竞争力。目前，国际与国内均出现了专利、商标和版权保护融为一体的趋势，越来越多的企业，特别是一些跨国公司在扩张的过程中，更加注重投入技术、品牌、商誉等以知识产权为核心的无形资产，设置知识产权管理部门，采取了专利、商标和版权等各类知识产权综合保护的战略，纠纷案往往同时涉及专利、商标和版权问题。① 知识产权集中管理模式改革符合知识产权制度的发展趋势，不仅符合企业需求，也有利于充分体现尊重知识、尊重创新的知识产权价值观。

2. 国际知识产权机构及有关知识产权的贸易组织都采用统一管理的惯例

当今世界，发展创新型经济已成大势所趋，知识产权日益成为国家发展的战略性资源和国际竞争力的核心要素。技术标准、知识产权问题成为新的壁垒形式，在双边或多边协议之外，美国、欧盟和日本又启动"机制转换"或称"平台转换"，推动"复边协议"（如 TPP 协议和 TTIP 协议）的达成，以摆脱既有的国际贸易框架，固化自身的技术、知识产权及贸易优势。从国际知识产权有关组织的情况来看，世界知识产权组织（WIPO）和世界贸易组织（WTO）采用的都是对专利、商标、版权等知识产权类型统一管理的模式。

发达国家不满足 TRIPs 等国际知识产权公约所规定的保护条款，强调加大保护和惩罚力度，提高保护标准，试图建立新的知识产权全球保护体系。2010 年 12 月，欧盟 27 国、美国、日本、韩国和新加坡等近 40 个国家参与制定了《反假冒贸易协议》（ACTA）。2012 年试图将 ACTA 中的一些保护范围也纳入美国主导的《跨太平洋伙伴关系协定》（TPP 协议）中。ACTA 和 TPP 让中国和印度等发展中国家深感担忧。随着更高保护标准的知识产权全球保护体系 TPP 和《反假冒贸易协定》（ACTA）实质性谈判的迅速推进，国际贸易领域呈现出知

---

① 《优化知识产权环境支撑创新驱动发展》，中国知识产权报/中国知识产权资讯网，http://www.iprchn.com/Index_ NewsContent.aspx? newsId = 81269，2015 年 1 月 28 日。

识产权保护范围不断扩大、标准不断提高、"一体化"趋势不断加强的态势。

经济全球化背景下，各国知识产权国际合作不断加强。知识产权成为世界贸易的"标配"、是国际竞争的重要话语权。建设知识产权强国，知识产权管理体制必须与国际接轨，在相同体制架构中，才会有共同语言，才能融入世界知识产权话语体系，推动多边、双边和区域知识产权合作，进而参与知识产权国际规则的制定。争夺这一话语权，必须有完善的知识产权管理制度作保障，即必须全面提升知识产权管理水平，推动知识产权行政管理体制改革，实现专利、商标、版权等知识产权统一综合管理，建立既符合世界通行规则，又具有中国特色的知识产权管理体制，为实现创新驱动发展提供良好制度支撑与保障。进行知识产权综合性管理体制改革符合国际知识产权管理的通行惯例和发展趋势，有利于提升知识产权管理效能和执法绩效，为知识产权保护营造良好的环境。设立统一的知识产权行政管理机构为主流，这更有利于国家整合行政管理资源，制定和实施知识产权国内外贸易政策，促进国际合作，顺应知识产权管理国际发展规律。

二 国内知识产权管理体制改革 已在地方先行先试

党的十八大提出，要全面实施创新驱动发展战略，加强知识产权保护。因区域内生发展的"自我需要"，近年来，国内不少知识产权密集的地区为激发创新驱动发展的需要，推进了地方知识产权集中管理的试验和试点，已经涌现了不少鲜活的成功案例。2014 年 11 月，国务院常务会议专题研究知识产权工作，提出知识产权是发展的重要资源和核心要素，要求努力建设知识产权强国，催生更加蓬勃的创新创业热潮，用智慧升级"中国制造"。

在 2015 年颁布的《国务院关于新形势下加快知识产权强国建设的若干意见》中，提出要"积极研究探索知识产权管理体制机制改革"。授权地方开展知识产权改革试验，鼓励有条件的地方开展知识产权综合管理改革试点。为加快知识产权强国建设，发挥知识产权制度支撑创新驱动发展作用，破解知识产权支撑创新驱动发展"瓶颈"制约，国务院办公厅又颁布《知识产权综合管理改革试点总体方案》。

（一）高速发展知识产权态势与诉求困局

近年来，我国知识产权快速发展，专利申请授权数由 2005 年的 17.16 万件，增长到 2014 年的 120.94 万件，年均增长 24.2%，与此同时，知识产权纠纷案件以两位数的百分率呈逐年上升趋势，而案件总量中由行政解决的案件数远远大于司法解决的案件数。在新技术革命和现代市场经济的条件下，知识产权纠纷面广量大，专业性也越来越强，而行政机关具有追求效率和比较专业化的特点，故行政保护能够适应客观要求。据统计，在包括知识产权在内的几乎所有社会领域，其法律规范的 80% 都是由行政机关执行的。

多年来，我国知识产权行政执法实践取得了可观成绩，逐步建立起知识产权机制，并大力打击违反知识产权规范的行为，创造了必要的知识产权法制环境，鼓励专利申请和自主技术研发，促进了科技的进步和经济的发展。加入 WTO 后，我国着手进一步的制度改革，2005 年，成立国家知识产权战略制定工作领导小组，制定国家知识产权战略。2006 年中国正式加入《世界知识产权组织版权条约》和《世界知识产权组织表演和录音制品条约》，并于 2007 年颁布了《信息网络传播权保护条例》。同时，不断修订《著作权法》《商标法》和《专利法》。然而，中国遭遇国外企业的知识产权诉讼的数量剧增，知识产权争端迅速成为中国亟待解决的棘手问题。2007 年，美国向世界贸易组织提交了针对中国的贸易诉讼，指责中国打击盗版不力[①]，提请 WTO 成立专家组审查中国与 TRIPs 规则相违背的情况，认为中

① 《美国就中国知识产权保护向 WTO 提请成立专家组》，财经网，http：//www. cai-jing. com. cn/2007 - 08 - 14/100027027. html。

国《刑法》规定的盗版犯罪的门槛过高，盗版行为不能受到有力惩罚。欧盟和日本与中国的知识产权纠纷也大幅上升。

在执法方面面临的问题主要是中央政府的各部门和各机构之间还缺乏协调，一些地方政府有保护主义倾向，对侵权者进行司法起诉的门槛定得太高，以及惩罚太弱等。知识产权授权确权程序烦琐，不仅程序不经济，浪费了有限的行政、司法资源，而且直接导致纠纷久拖不决，大大延长了权利确定的时间，既增加了当事人和执法机关的纠纷解决成本，也明显不利于当事人合法权益的保护。随着近年来专利和商标申请量、授权量的快速增加，有关案件持续快速增加，执法机关解决此类争议所需要投入的人力越来越多，一些案件耗时很长，长达数年仍不能有效解决。现行的专利无效程序不仅会造成纠纷解决效率低下，还由于可以无限期、无节制地提出专利无效请求，也容易造成当事人过度启动相关程序以故意拖延纠纷解决①，达到不正当竞争的目的。

（二）多头管理的知识产权体制现状与成因

目前，我国知识产权行政管理权力分配于众多机关。知识产权体制基本上是依据单行立法模式调整某项特定客体的原则规定一个主管机关，针对不同的知识产权客体，设置了国家知识产权局、国家工商行政管理总局、新闻出版总署（国家版权局）等多个行政管理部门，并赋予商务部、质监总局、农业部、公安部、海关总署等其他部委知识产权行政管理职能。此外，为了统筹实施知识产权战略，2008 年国务院批复建立国家知识产权战略实施部际联席会议制度，由国家知识产权局、国家工商行政管理总局、新闻出版总署（国家版权局）、商务部、公安部、文化部、农业部和国家林业局、海关总署、质监总局等 28 个部委组成。②

---

① 邵中林：《知识产权授权确权程序的改革与完善》，《人民司法》2010 年第 19 期。

② 《国务院关于同意建立国务院知识产权战略实施工作部际联席会议制度的批复》（国函〔2016〕52 号），http：//www. gov. cn/zhengce/content/2016 – 03/30/content_ 5059662. htm。

　　在国家层面，国家知识产权局及其下设的专利局是管理专利和集成电路布图设计，以及统筹协调知识产权事宜的机构；国家工商行政管理总局商标局负责商标的行政管理和保护，并负责制止不正当竞争行为；新闻出版署国家版权局负责著作权的行政管理和保护。此外，知识产权管理中的其他客体则由其他相关的国家部门负责：不正当竞争行为由国家工商行政管理总局公平交易局的反不正当竞争处管理；地理标志归国家质量监督检验检疫总局和国家农业部管理；植物新品种权由国家农业部和国家林业局的植物新品种办公室负责；国际贸易中的知识产权由国家商务部负责；与科技有关的知识产权由国家科学技术部管理；与进出境货物有关的知识产权由国家海关总署负责；互联网域名则由信息产业部管理等。从知识产权公共事务协调机制看，涉及知识产权事务的行政主体就更多了：国家科技部负责与科技创新有关的知识产权事务，国家工业和信息化部负责电信知识产权、软件与集成电路、互联网域名及知识产权标准化问题。此外，行政执法体系中还包括海关、文化、质检、公安等机构。可见，国家知识产权局虽有"知识产权"之名，却无其实。知识产权的保护涉及多个部门以及多个部门的联合，如国家食品药品监督管理局对药品注册的管理和提供的类似专利的保护，科技部对知识产权项目的审批，鼓励指导相对人向专利局申请专利，公安部门与专利局、工商管理部门、版权局以及文化部门的联合执法等。国家保护知识产权工作组（2004 年设立），对于进一步加强知识产权保护的领导工作起到了重要作用，但是由于该工作组并非常设机构，而且成员都是各个国家级行政部门的负责人，其发挥的作用也是有限的。总的来说，中国大陆知识产权行政管理部门众多，致使其工作出现了一定的交叉，甚至重叠。

　　在地方层面，也是采取分别管理的方式，行政管理体系比较混乱。将专利、商标、版权等客体归属不同的与中央管理部门对应的机构负责，涉及地方知识产权局、工商行政管理局、版权局（新闻出版局）、科技局（科技厅）、技术监督局、海关等多个部门。由于各地实际情况的差异，管理机构设置也是多元化。以专利为例，管理专利工作的机构有的地方归知识产权局或专利局负责，有的归科学技术局或其下设机构负责，有的则是地方政府设立的专门机构负责。这些管理机构有的是行政机关（如河北、江苏知识产权局，为省科技厅下属局），有的则是直属事业单位（如北京、天津知识产权局，为政府直属独立局）。纵向来看，现行知识产权行政管理体制从中央到地方可以分为多个管理层次。著作权由国家版权局实行垂直领导，商标由国家工商行政管理总局商标局统一注册，分级管理，有较统一的自上而下的管理体系。版权局与新闻出版广播电视厅（局）"一套班子，两块牌子"，有些地区已将版权局的牌子加挂在文化局。知识产权（专利管理部门）局，有的是政府行政序列，有的是政府所属事业单位；有的是独立机构，有的是地方科技厅（局）内设机构（正厅级的机构，如北京、上海、湖南知识产权局；副厅级的机构，如天津、河北、浙江知识产权局；正处级的机构，如山西、西藏、青海知识产权局），级别设置不统一。

中国大陆知识产权行政管理设置多个部门，是由于过去的知识经济发展仍处在初期阶段，相应的知识产权事务不多。实施商标、专利、版权制度的时间先后不一，是造成多部门管理的起始原因。真正实现知识产权制度是在改革开放以后，商标制度最先实施，1978 年在国家工商总局内设了国家商标局，1979 年 11 月恢复商标全国统一注册制度，1982 年 8 月我国颁布《中华人民共和国商标法》；1980 年中国专利局成立，负责起草专利法，1984 年 3 月颁布了《中华人民共和国专利法》；著作权制度实施更晚，1985 年在文化部下设立国家版权局，到了 1990 年，我国才颁布了第一部《中华人民共和国著作权法》。商标、专利、版权三个行政管理机构分别在不同的主管部门发展沿革，造成了多部门管理的固有格局。1978 年国家工商总局内设了国家商标局以后，其管理体制一直没有变化，并且得到不断的强化，县级以上工商行政管理部门可以处理商标侵权纠纷和查处侵犯注册商标专用权的行为。而国家专利和版权行政管理机构和隶属关系经过了多次变化：1980 年，成立了中国专利局，建局之初隶属国家科委，后为国家经委直属局，再后来为国务院直属局；1993 年中国专利局列为国务院公务员管理的直属事业单位，承担全国专利工作的政府职能；1998 年在国务院机构改革大力压缩编制、精简机构的背景下，将中国专利局更名为国家知识产权局，列入国务院直属行政机构，主管专利工作和统筹协调涉外知识产权事宜；2008 年，根据国务院机构改革方案，国家知识产权局增加了负责组织协调全国保护知识产权工作和会同有关部门组织实施国家知识产权战略纲要的统筹协调知识产权工作的职能。国家出版局（国家版权局），1987 年设立为直属国务院的副部级新闻出版署（国家版权局），2001 年升格为正部级的总署，2013年国务院再次机构改革，组建国家新闻出版广播电影电视总局，加挂国家版权局牌子。

（三）现行知识产权行政管理体制问题暴露

我国大陆现行知识产权分散管理体制形成于计划经济时代，虽有利于分工专业化，有利于开展专项活动，却不可避免地带来一系列问题，难以适应知识经济时代的发展要求。"分而治之"的管理方式导致了管理成本过高，资源利用率较低，信息交流不畅，效率偏低等诸多问题。国家有关政策措施难以统筹实施、难以取得应有的效果，知识产权的保护与运用等效率不高、效果不佳，严重制约了国家知识产权政策统筹贯彻落实。即便是 2006 年《国家知识产权战略纲要》颁布实施，建立了国家知识产权战略实施部际联席会议制度，但"小马拉大车"的现象仍未根本改观，知识产权战略推动依然缺乏整合力、执行力，徒增制度磨合成本。有悖行政管理效率追求，不利于知识产权保护，表现在以下方面：

（1）不利于知识产权保护的环境优化和顶层设计。知识产权是一个完整的概念，各类产权之间存在同质性，相互联系、相互补充，形成有机统一体，赋权性知识产权在行政管理上存在许多共同点。专利、商标、版权等知识产权类型具有共同的法律属性，在进行保护时具有互补性。知识产权分散管理模式，政出多门，不利于全面加强知识产权保护的顶层设计和实施，使知识产权法律法规之间产生不必要的冲突，知识产权与经济、贸易、科技等政策之间缺乏有效的协调衔接，不利于政府对企事业单位知识产权工作进行全面指导，使市场主体在寻求法律保护和政策支持时无所适从，也不利于构建公开公平、诚信透明的市场环境。各知识产权行政管理部门职权范围和管理方式不同，对知识产权保护客体的管理标准不同，其保护力度亦有所差异。不同部门管理范围存在交叉和重叠，部门利益化现象越来越严重，同一知识产权保护客体可能被赋予不同的甚至相互冲突的知识产权，不同权利主体依据各自被授权的知识产权进行不同的权利主张，便会产生权利冲突。容易导致知识产权管理部门利益化倾向，使权利人特别是企业在寻求保护和服务时无所适从，出现知识产权侵权或违法行为时，知识产权权利人经常要求助于多个行政主管部门，进行多个程序，增加了其维权成本。

（2）不利于行政资源整合和管理效率提升。多部门行政管理造成权力分割化、部门利益化现象越来越严重，知识产权行政管理整体效能不断下降。分散的管理体制导致了知识产权行政管理资源的配置不均，客观上导致了某些部门的资源闲置、另一些部门的资源匮乏，导致复审和诉讼的拖延，还由于专利审查人员相对不足，专利申请积压较多，还要花费大量的时间和人力、物力与其他知识产权行政管理部门之间进行协调。缺失各职能部门之间的横向交流和信息资源共享平台的建立，客观上增加了行政管理协作和贯彻行政执法计划的难度，降低了行政管理的效率。虽然设立了国家保护知识产权工作组和国家知识产权战略制定工作小组等协调机构，但由于各行政管理机构各自为政，联合执法机构和联席会议等也是临时性的行政管理组织，都未制度化，无法起到高效统筹管理的作用。国家知识产权局虽被赋予统筹协调全国知识产权工作的职能，但实践中还是以专利管理为主，相关知识产权的管理仍分属其他部门。扶持政策难以聚焦、执法力度难以提高，与支撑保障市场主体创新的迫切需求不相适应，已成为阻碍提高知识产权行政管理效能的"短板"。

（3）不适应开展知识产权国际交流。经济全球化趋势加强，知识产权国际交流合作日益频繁，过于分散，对外多方发声、意见难统一，使其他国家在与我国进行知识产权合作时不得不判断应与众多机构中的哪一机构洽谈，或者要分别进行协商和签订协议，这为我国知识产权国际发展带来不便，既不利于开展知识产权方面的国际交流与合作，也不利于提升在世界贸易组织和世界知识产权组织中的话语权，不利于形成应对国际知识产权保护的快速反应机制。

（四）国家层面的管理体制改革大势已定

2008 年国务院颁布的《国家知识产权战略纲要》中明确提出要"深化知识产权行政管理体制改革，形成权责一致、分工合理、决策科学、执行顺畅、监督有力的知识产权行政管理体制"。将分散、交叉的知识产权管理部门进行整合和优化，已经成为我国知识产权事业发展的趋势和方向。中共十八大将知识产权战略作为创新驱动发展的重要支撑，要"深化行政审批制度改革，继续简政放权，推动政府职能向创造良好发展环境、提供优质公共服务、维护社会公平正义转变"。十八届三中全会通过的《中共中央关于全面深化改革若干重要问题的决定》（2013 年 11 月），明确将"推进国家治理体系和治理能力现代化"作为全面深化改革的总目标，把"深化科技体制改革"作为"加快完善现代市场体系"的重要改革内容之一，并提出"加强知识产权运用和保护，健全技术创新激励机制"。进一步明确"市场在资源配置中起决定性作用"，强调了知识产权运用与保护。"要增强创新驱动发展动力，培育经济发展新优势，核心和关键就在于实施知识产权战略。"

2014 年 7 月 15 日，知识产权局、教育部、科技部、工业和信息化部、国资委、工商总局、版权局、中科院 8 部门联合印发《关于深入实施国家知识产权战略加强和改进知识产权管理的若干意见》（以下简称《意见》）。《意见》共提出 4 方面 15 项具体任务措施。一是改进知识产权宏观管理，提高管理综合效能。二是加强知识产权执法监管，维护市场运行良好秩序。三是健全管理规范，提高知识产权管理规范化水平。四是创新服务方式，提供优质知识产权公共服务。2014 年 12 月，国务院办公厅转发知识产权局等单位《深入实施国家知识产权战略行动计划（2014—2020 年）》通知。

2015 年 3 月，国务院印发《关于新形势下加快知识产权强国建设的若干意见》。明确五条重要举措，包括推进知识产权管理体制机制改革，实行严格的知识产权保护，促进知识产权创造运用，加强重点产业知识产权海外布局和风险防控，提升知识产权对外合作水平等。提出要"积极研究探索知识产权管理体制机制改革"。授权地方开展知识产权改革试验，鼓励有条件的地方开展知识产权综合管理改革试点。另外，《中共中央关于制定国民经济和社会发展第十三个五年规划的建议》要求"深化知识产权领域改革"。2015 年 9 月，习近平总书记就知识产权综合管理体制改革做出重要批示。12 月，《中共中央、国务院关于深化体制机制改革　加快实施创新驱动发展战略的若干意见》提出，要健全知识产权侵权查处机制，强化行政执法与司法衔接，加强知识产权综合行政执法。2015 年 12 月，国务院印发《关于新形势下加快知识产权强国建设的若干意见》，对深入实施知识产权战略、建设知识产权强国作了总体部署，提出"积极研究探索知识产权管理体制机制改革。授权地方开展知识产权改革试验。鼓励有条件的地方开展知识产权综合管理改革试点"。面对国际竞争日趋激烈、国内创新发展努力前行的新态势，《中共中央关于制定国民经济和社会发展第十三个五年规划的建议》明确要求"深化知识产权领域改革"，《国务院关于新形势下加快知识产权强国建设的若干意见》明确提出要"积极研究探索知识产权管理体制机制改革"，"授权地方开展知识产权改革试验。鼓励有条件的地方开展知识产权综合管理改革试点。"

2016 年 12 月，国务院办公厅印发《知识产权综合管理改革试点总体方案》，意义在于加快知识产权强国建设，发挥知识产权制度支撑创新驱动发展作用，促进大众创业、万众创新。深化知识产权领域改革、破解知识产权支撑创新驱动发展"瓶颈"制约，切实解决地方知识产权管理体制机制不完善、保护不够严格、服务能力不强、对创新驱动发展战略缺乏强有力支撑等突出问题。

表 1 – 1　　近年国家层面的知识产权及管理体制改革的相关政策

时间	出台的相关政策文件及主要政策精神
2008 年 6 月	国务院颁布的《国家知识产权战略纲要》（国发〔2008〕18 号）提出要"深化知识产权行政管理体制改革，形成权责一致、分工合理、决策科学、执行顺畅、监督有力的知识产权行政管理体制"
2013 年 11 月	十八届三中全会通过的《中共中央关于全面深化改革若干重要问题的决定》，将"推进国家治理体系和治理能力现代化"作为全面深化改革的总目标，把"深化科技体制改革"作为"加快完善现代市场体系"的重要改革内容之一，并提出"加强知识产权运用和保护，健全技术创新激励机制"。进一步明确"市场在资源配置中起决定性作用"，强调了知识产权运用与保护。"要增强创新驱动发展动力，培育经济发展新优势，核心和关键就在于实施知识产权战略"
2014 年 7 月	知识产权局、教育部、科技部、工业和信息化部、国资委、工商总局、版权局、中科院 8 部门联合印发《关于深入实施国家知识产权战略加强和改进知识产权管理的若干意见》，提出 4 方面 15 项具体任务措施
2014 年 12 月	国务院办公厅转发知识产权局等单位《深入实施国家知识产权战略行动计划（2014—2020 年）》（国办发〔2014〕64 号）通知
2015 年 3 月	国务院印发《关于新形势下加快知识产权强国建设的若干意见》（国发〔2015〕71 号）。明确五条重要举措，包括推进知识产权管理体制机制改革，实行严格的知识产权保护，促进知识产权创造运用，加强重点产业知识产权海外布局和风险防控，提升知识产权对外合作水平等。提出要"积极研究探索知识产权管理体制机制改革"。授权地方开展知识产权改革试验，鼓励有条件的地方开展知识产权综合管理改革试点
2015 年 11 月	《中共中央关于制定国民经济和社会发展第十三个五年规划的建议》要求"深化知识产权领域改革"
2015 年 12 月	《中共中央、国务院关于深化体制机制改革　加快实施创新驱动发展战略的若干意见》提出，要健全知识产权侵权查处机制，强化行政执法与司法衔接，加强知识产权综合行政执法
2016 年 12 月	国务院办公厅印发《知识产权综合管理改革试点总体方案》（国办发〔2016〕106 号）。意义在于加快知识产权强国建设，发挥知识产权制度支撑创新驱动发展作用，促进大众创业、万众创新。深化知识产权领域改革、破解知识产权支撑创新驱动发展"瓶颈"制约，切实解决地方知识产权管理体制机制不完善、保护不够严格、服务能力不强、对创新驱动发展战略缺乏强有力支撑等突出问题

（五）地方行政管理体制改革已先行先试

近年来，地方知识产权集中管理的试验和试点已经涌现了不少成功案例，比如，深圳大部制改革、上海浦东、福建自贸区（厦门片区）、苏州、长沙等地开展的知识产权"三合一"或"二合一"综合管理实践等。

1. 深圳与浦东的"三合一"管理

深圳市于2004年尝试地方知识产权机构设置改革，将知识产权局从科技局分离出来，成立了深圳市知识产权局（撤销了文化局，加挂深圳市版权局牌子），将专利和版权的行政管理和行政执法工作划入其职能范畴。2006年又将副局级升格为正局级单位，2009年年初，《深圳综合配套改革总体方案》决定"深化知识产权管理体制改革，实行专利、商标、版权、技术秘密四位一体的大知识产权管理体制"。2009年7月，深圳市实行大部制改革，新设市场监督管理局，将工商、质监、知识产权的职能划入，实现专利、商标、版权管理"三合一"，实际上知识产权局被撤销。[①] 2012年2月，为了加强知识产权管理，深圳市市场监督管理局加挂市知识产权局的牌子，将知识产权职能显化，加强知识产权管理，推进知识产权运用，更标志着深圳知识产权集中管理体制的正式确立。深圳市市场和质量监督管理委员会在内设机构方面，知识产权促进处职责是组织实施知识产权战略；组织实施重大知识产权计划项目；管理知识产权发展的有关专项资金；监督指导知识产权贸易；组织实施重要行业的知识产权预警分析。知识产权保护处职责是承担知识产权市场的监督管理；监督管理商标印制；组织查处知识产权违法行为；统筹协调涉外知识产权事宜；推进知识产权保护机制建设；承担市知识产权联席会议日常工作。电子商务监督管理处、执法监督处等内设机构也承担着与"打假"有关的工作。

---

① 《上海浦东知识产权综合行政管理体制探索与实践》，《中国发明与专利》2015年第3期。

上海各区县均已完成市场监管综合执法体制改革，工商、质监、食药监三个部门已合并组建新的市场监管局。2014 年，浦东以上海市综合配套改革试点为契机：即按照市委市政府对改革决策的整体部署，在中国（上海）自由贸易区（以下称上海自贸区）和浦东新区推进的知识产权"三合一"综合执法试点，将商标保护职能划转至新成立的自贸区知识产权局和浦东新区知识产权局。建立了专利、商标、版权"三合一"模式和市场监管领域两个"三合一"改革：一是工商、质监、食药监执法的"三合一"，取消原来的工商局、质监局、食药监局，组建市场监管局，同时把物价执法也纳入进来；二是专利、商标、版权执法的"三合一"，推进综合监管、综合执法，新设浦东知识产权局，成为全国首家集专利、商标、版权行政管理和综合执法职能于一身的机构。

2. 苏州、长沙的"二合一"模式

苏州市于 2008 年着手改革，设置了独立的知识产权管理的政府工作部门，尝试进行专利、版权"二合一"改革。知识产权局合署专利与著作权事务，将原在苏州市科技局挂牌的苏州市知识产权局独立设置，并将原在文化广电新闻出版局加挂的"苏州市版权局"牌子，改挂在苏州市知识产权局，为苏州市政府正处级工作部门。2009 年，苏州市成为国家知识产权工作示范城市后，次年，国家发改委将苏州列为创建国家创新型城市试点，国家知识产权局正式批准苏州市为国家知识产权示范城市。2010 年 4 月，《苏州市知识产权局（苏州市版权局）主要职责、内设机构和人员编制规定》（以下简称"三定"方案）出台，设立苏州市知识产权局，为市政府工作部门，挂"苏州市版权局"牌子，正处级建制，实现了专利工作和版权工作职能"二合一"，成为全国首个实现专利、版权职能"二合一"的地方知识产权局，苏州知识产权局内设机构中，分别设有专利管理处和版权管理处。主要职能涵盖了知识产权（不含商标）创造、运用、管理和保护。此外，苏州还在市知识产权局下属的知识产权举报投诉服务中心增挂"知识产权行政执法支队"副牌，依法行使知识产权（不含商标）的执法职能。2016 年江苏协调苏州制订知识产权综合管理改革方案，支持苏州高新区、常熟、海安等地加快知识产权管理体制改革进程。①

长沙市为了更好地激励和保护创新，推进了知识产权行政体制改革，于 2002 年在原专利管理局基础上新组建了独立的市知识产权局，2010 年将版权管理职责划入市知识产权局，按照国家自主创新示范区"先行先试探索有利于自主创新的体制和机制"的建设新要求，又把市知识产权局设为政府工作部门。长沙市知识产权局实行"二合一"的管理模式，内设机构中就设有专利管理处、专利执法处、版权管理处等，于 2015 年收回版权执法权。2015 年年初，湖南省长沙市市委、市政府，再次推进将商标权管理职责划转市知识产权局，以建立专利、商标、著作权"三合一"的集中统一的知识产权行政管理体制，意在打破知识产权领域存在的职能分散、多头管理、权责交叉的体制壁垒，优化政府机构与职能配置，促进创新驱动发展战略的政策方案实施。方案尚未实施，却遭到了来自湖南省工商行政管理局的质疑，指出商标监管执法是《商标法》赋予工商行政管理部门的重要职责；随意调整商标权的管理职责不合法；商标权管理职责划出不利于商标监管执法工作正常开展。这一个案例集中反映了法律与政策性文件之间的冲突，也说明了法律与政策统一协调的必要。

3. 武汉等城市的改革跟进

武汉市在 2001 年的机构改革中，专利管理局更名为知识产权局，为市政府直属行政正局级机构。在 2009 年的机构改革中，该局的机构设置、主要职责、人员编制等均得到了进一步加强。2012 年，武汉市以综合评分第一的成绩成为全国首批"国家知识产权示范城市"。

武汉市 2014 年全面深化改革，市委办公厅印发《武汉市 2014 年全面深化改革工作要点》，"以东湖国家自主创新示范区建设为引领，推进科技体制改革"中专列"深化知识产权管理体制改革"一类。

---

① 《江苏知识产权局长：力争有专利申请企业破 3 万家》，人民网—江苏视窗，ht-tp：//js. people. com. cn/n2/2016/0420/c360301 – 28188079. html。

关于"研究版权、专利、商标的'三合一'管理"任务。① 《武汉市科技体制改革专项小组 2014 年项目化改革任务责任分工方案》把这项改革任务交由市知识产权局牵头研究。提出"三合一"改革构想，并设计了具体的"三定"建设方案和实施进度计划。② 2015 年 1 月，武汉市政府决定将市知识产权局并入市科技局，新的机构名称为"武汉市科学技术局（市知识产权局）"，实行两块牌子，一套班子，保留了"专利处"和"执法处"两个处室，原协调处的职能由这两个处室分担。

2014 年 12 月 12 日，国务院决定设立中国（福建）自由贸易试验区。2015 年 8 月，中国（福建）自由贸易试验区也设立"三合一"知识产权局，对区内专利、商标、版权进行统一行政管理与执法。福建自贸区厦门片区在管委会内设知识产权局，福州片区在综合监管和执法局加挂知识产权局，平潭片区在市场监督管理局加挂知识产权局，负责专利、商标、版权的综合行政管理和执法工作。为推动福建自贸区在知识产权管理、保护和服务体系构建的发展进程，福建省知识产权局与工商、版权及海关等部门联合制定了《关于建立福建自贸试验区知识产权行政执法与海关保护协作机制的意见》，就部门间建立联席会议制度、共享执法信息、建立案件会商制度及执法协作等达成协作意见。福建自贸区福州、平潭片区设立了知识产权服务工作站，组织专利代理机构、维权援助中心以及专利运营单位进驻工作，为片区内企业开展专利申请、专利运营以及维权援助等知识产权相关服务；在厦门片区设立了知识产权快速确权、维权中心，助力厦门市开展两岸知识产权经济发展试点工作。厦门片区着力为知识产权保驾护航，对发生在自贸区内的涉知识产权民事、行政和刑事案件进行集中管辖，成立厦门市中级人民法院自贸区知识产权巡回审判法庭、福建省高级人民法院自贸区（厦门）司法保障研究基地和湖里区人民法

---

① 董宏伟：《武汉市知识产权管理体制改革和创新研究》，《长江论坛》2014 年第 6 期。

② 同上。

院自贸区知识产权法庭。其中厦门自贸区知识产权巡回法庭是全省首
个中级法院层级设在自贸试验区的知识产权审判巡回法庭，首个集第
一审、第二审知识产权民事、刑事、行政诉讼为一体的巡回法庭。

三 地方知识产权行政体制
改革试点取得成效

近年来，我国把发展新兴产业、建设创新型国家放在重要位置。
各省市也提出自己的创新型省市建设。多头管理的知识产权制度，有
悖于行政管理效率追求，不利于知识产权保护，也不利于知识产权战
略的实施。国内不少知识产权密集的地区推进了地方知识产权集中管
理的试验和试点，并已经涌现了不少成功案例，取得了一些可复制、
可推广的经验做法。知识产权"三合一"或"二合一"综合管理实
践创新打破了体制机制障碍，有力地促进了地方的创新发展。

（一）试点城市知识产权数居地区之首，撬动创新经济发展

整体来看，各主要产权体制改革试点城市的特点是，专利申请授
权数均为所在省市的首位城市。江苏省 2015 年专利授权达到 25 万
件，全国第 1 位，其中发明专利 3.6 万件，占 14.39%，而改革试点
城市苏州市的专利授权 6.2 万件，约占全省的 25%，其中发明专利占
16.84%。专利第三大省广东 2015 年专利授权达到 24 万件，而深圳
市专利授权 7.2 万件，约占全省的 30%，专利授权数与专利申请比为
68.36%（全省为 67.76%），其中，发明专利 1.7 万件，占 23.5%。
2007—2015 年专利授权年均增长 14.46%。湖南省 2015 年专利申请
授权达到 5.45 万，专利授权数为 3.4 万件，居全国第 12 位，而长
沙市的专利申请数为 2.2 万件，授权数为 1.46 万件，占其申请数的
66.52%，约占全省的 42.94%，长株潭地区占全省的 58.4%。长沙
市发明专利 4225 件，占全市专利授权数的 28.87%。

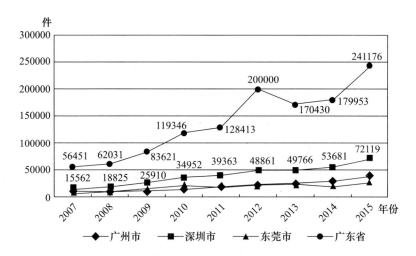

图1-1　广东省及其主要地区的专利授权状况

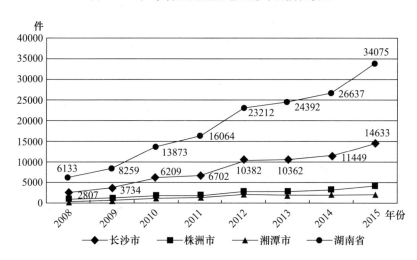

图1-2　湖南省及其主要地区的专利授权状况

深圳 2015 年国内专利申请量突破 10 万件大关，同比增加 28.24%，在全国各大城市中排第二，深企加大海外专利布局，2015 年深圳 PCT 专利申请量为 13308 件，申请量位居全国各大城市首位，占全国的 47%。① 苏州以"知识产权杠杆"撬动创新经济发展，一批

① 《解码深圳知识产权成绩单》，深圳热线，http://focus.szonline.net/roll/20160427/114716.html。

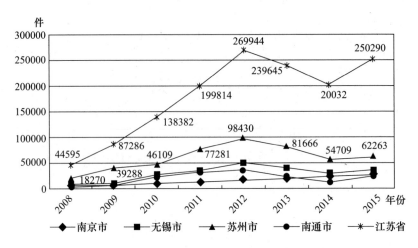

图1-3 江苏省及其主要地区的专利授权增长

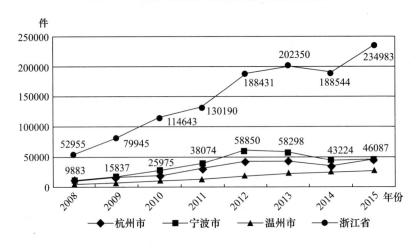

图1-4 浙江省及其主要地区的专利授权增长

知识产权密集型企业生根发芽，2014年苏州市专利申请量和授权量分别达到10.3万件和5.5万件，连续多年位居全国大中城市前列，企业尽享"产权红利"，苏州瑞派宁公司产品还没上市，专利已经申请到全球各地，东菱科技以专利、商标打包抵押等形式累计获得1亿多元银行贷款。① 上海浦东在服务和政策的双重推动下，浦东新区知识

---

① 《苏州：以"知识产权杠杆"撬动创新经济发展》，新华网，http：//news. xinhua-net. com/2015－05/19/c_ 1115338962. htm。

产权创造数量和质量快速提升。2016 年 1—11 月，全区专利申请突破 2.6 万件，同比增长 33.2%；专利授权突破 1.4 万件，同比增长 19.6%。[①]

长沙努力打造"知识产权保护的洼地、转型创新发展的高地"，知识产权已成为推进长沙经济转型发展、提升核心竞争力的重要引擎。截至 2015 年年底，全市累计申请国内专利 14 万件，获得国内专利授权 8.4 万件。发明专利授权连续位居全国省会城市第 7 位，全市拥有有效发明专利 14190 件，每万人有效发明专利拥有量达到 19.41 件，居全国省会城市第 4 位、中部省会城市第 1 位。2006—2015 年 PCT 国际专利申请 1350 件。[②] 长沙研发创新等综合实力跃居全国省会城市第 6 位，推动着长沙经济逆势而上，2015 年，高新技术产业产值增长 25%。版权事业稳步发展。著作权登记量核心指标居全国省会城市和全省前列，两年共完成版权作品登记 3889 件，年增长超过 20%。2014 年首次发布《长沙版权产业报告（2010—2012）》，为版权产业发展提供科学指导。接管版权职能后，知识产权局成立了专门的版权管理处，从知识产权经费中安排了版权专项发展资金，启动了一系列工作，着力壮大和发展长沙版权事业。率先在全省设立版权作品登记工作站，3 年登记作品 5000 多件，占全省总登记量的 90% 以上，累计发放著作权登记补助 98.8 万元。

（二）行政职能得到加强，行政效能获得大幅提升

通过行政手段保护知识产权是世界上许多国家都采用的知识产权保护方式。改革之后，专利、商标、版权分属不同部门管理的模式被打破，由一个部门综合行使管理职能，对于建立权责统一、权威高效的行政管理和执法体制，促进政府资源的高效利用，营造管理更加到

---

① 《加强知识产权保护推进科创中心建设——对上海知识产权综合执法体制改革的思考与建议》，中国工商报网，http://www.cicn.com.cn/zggsb/2016－05/17/cms85595article. shtml.

② 张怀中：《长沙每万人有效发明专利拥有量居全国省会城市第四》，《长沙晚报》 2017 年 3 月 3 日。

位、服务更加全面和保护更加有力的知识产权发展环境提供了体制保障。对社会公众的诉求处置更加集中，实现了"一个部门管理、一个窗口受理、一支队伍办案"，能更快更好地维护企业和当事人的合法权益，降低权利人的维权成本。

1. 苏州市"三定"方案改革证实效率改善

苏州知识产权局改革后，苏州市知识产权局作为市政府工作部门，职责得到加强，负责组织建立市知识产权保护工作体系，组织协调知识产权战略实施，建立市知识产权风险预警机制，审核市级财政资金支持的重大科研项目、经济活动和文化创作中的知识产权状况等。经过两年多的运行，苏州市知识产权局在著作权事务上取得了较好的成绩，打破了国家版权局的认知偏见，最终也予以认可。知识产权作为一种战略资源，悄然为苏州产业发展"智能护航"。高价值专利培育计划示范工程项目，为每家企业补贴金额最高不超过100万元，推动了企业加强知识产权战略布局、专利信息分析利用、专利质量提升、人才引进培养等工作，有利于培育具有战略性、前瞻性、引领产业高端发展、拥有核心高价值专利池的重点企业。① 专利导航为园区找准产业发展突破点，还为转型升级描绘出了清晰的发展路径。

2. 浦东机构职能有效扩充提高

改革之前，浦东新区科委、知识产权局实行"两块牌子，一套班子"。改革之后，重新组建全新的知识产权局，为浦东新区政府的工作部门（副厅局级）。重新组建后的上海浦东新区知识产权局整合了原区科委的专利行政管理职责和原区市场监管局的商标行政管理与执法职责，增加了市知识产权局委托的专利管理和执法、市版权局委托的版权相关管理职能，增加了对违反著作权方面法律、法规、规章的违法行为的行政处罚职责。使政府履行职能更加顺畅，知识产权发展环境改善。同时，加强了知识产权保护、促进知识产权创造和运用等方面的职能。知识产权局职能从原来由三个不同部门分别行使，改为

---

① 《苏州：知识产权"智能护航"产业发展》，新华网，http：//news. xinhuanet. com/fortune/2017－01/19/c＿1120344695. htm。

由一个局综合行使专利、商标、版权相关管理职能，有利于建立权责统一、权威高效的行政执法体制。实现了知识产权行政管理和执法"一个窗口服务、一支队伍执法"。公众诉求处置从原专利、商标、版权分别由不同部门处理申诉、举报变为"诉求处置一体化"，更快更好地维护企业和老百姓的合法权益。专利行政执法事权、版权行政管理和执法事权从原来由市局管理变为由区政府"属地管理"①，进一步发挥地方政府的综合协调功能。改革创新探索，实现了节约行政资源、提高执法效率的目标，保护权利人的合法权益，维护有序的市场环境，形成了可复制、可推广的经验做法，对于全国其他地区有重要借鉴意义。

3. 长沙服务型政府职能大幅提升

长沙高度重视知识产权工作，加快知识产权强市建设，结合专利申请实际，市知识产权局、市财政局针对专利申请补助研究制定了《长沙市专利申请补助实施细则》（长知发〔2010〕5号）。2011年，对零专利企业和专利大户企业给予特别资助和重点指导，制定《长沙市知识产权创造导师聘任办法（暂行）》，聘请邱则有等10名知识产权创造导师，对企业进行一对一扶持。支持中介机构在长沙高新区、望城经开区等园区设点开展服务。健全专利申请补助网上申报系统，大大方便了专利权人。举办各类知识产权培训班20多期，培训知识产权实务人才3000余人。围绕长沙市的主导产业和战略性新兴产业的中小型企业，全面实施中小企业知识产权战略推进工程。依托建成的工程机械、生物医药等五大重点行业专利数据库，开展了专利预警分析和专利信息检索实务专题培训，提升了企业知识产权运用能力。全市各知识产权部门不断强化政策导向，加大扶持培育力度，全市创造主体自我保护意识明显增强。导航重点领域产业发展。针对重点行业、新型技术开展知识产权预警分析，导航企业研发方向，护航产业和企业发展。对发明专利重点企业50强进行重点跟踪，深入实施知

---

① 《上海浦东单独设立知识产权局实现专利商标版权"三合一"》，新华网，http: // news. xinhuanet. com/fortune/2014 – 11/16/c_ 1113268236. htm。

识产权"三百工程"等。① 配合省知识产权局推进高新区"湖南省科技成果和知识产权交易服务平台"启动建设和宁乡金洲新区高校知识产权交易服务中心项目建设。鼓励和支持各区县（市）、园区深化校企、校政合作的新模式。推动版权交易平台建设运营，破解湖南省知识产权"转化率"低的难题。

4. 湖北加强改革跟进

武汉市获批为全面创新改革试验区，积极在知识产权领域开展改革探索，武汉市知识产权局的机构配置和岗位调整得到进一步加强。武汉在国内率先成立知识产权金融创新研究与实践中心，旨在打造新型技术产权交易服务链，破解科技成果转化难题。

（三）知识产权发展内外部环境得到根本性改善

"深圳模式"强化了知识产权行政管理中与工商行政管理有关的内容，集中力量进行知识产权有关的市场监管，与质量监管、市场稽查等工商行政管理内容进行高度整合，实现了包括知识产权在内的集中管理模式。

浦东的改革是贯彻落实上海加快建设有全球影响力的科技创新中心的重要举措，适应创新驱动发展战略需要，适应国际接轨的知识产权发展环境，不是进行简单的归并整合，而是按照可行性、合理性的要求，从践行中央对上海提出"四个率先"和当好改革开放"排头兵"的高度，推动浦东以及上海市知识产权工作更上新台阶，对知识产权的管理全部要素进行了重新构架。注重提高知识产权管理和保护水平，加快创新要素集聚，激发创新活力，提升全球资源配置能力。体现"服务型政府""高效政府"的浦东特色，高标准对接国际规则，为多边、双边和区域知识产权合作创造环境，集聚了一批国内外知识产权服务机构、社团组织以及各类知识产权密集型企业，为上海建设亚太地区知识产权中心城市奠定良好的基础。这也将有利于争取

---

① 《2014年全市知识产权局长会议工作报告》，长沙市知识产权局网，http：//csipo. changsha. gov. cn/zwgk/gzbg/201603/t20160316_ 892968. htm。

国际上对我国知识产权工作水平和发展环境的充分信任，为下一步推进我国地方知识产权管理机构的合理设置产生了示范作用，为开展知识产权综合管理改革探索了方向、积累了经验。

苏州知识产权局应对外贸领域知识产权侵权诉讼案件逐年增长，在国际展会上，产品、人员遭扣押也时有发生，强化知识产权预警，建设预警平台，让企业可以对海外知识产权矛盾早做预判，规避海外知识产权风险，推动企业依托自主知识产权开拓海外市场。

长沙市服务保障体系更加完善。长沙市市委、市政府先后出台《关于强化企业自主创新能力，建设加速转型创新发展的意见》《关于进一步加强知识产权保护工作的意见》等政策措施，支撑知识产权事业发展，知识产权行政管理体制改革取得突破，深入实施知识产权分类人才培养计划。知识产权局行政保护力度持续加大。长沙市两年共立案查处假冒专利案件774件，专利纠纷案件134件，办理司法确认案件8件；受理并调处版权纠纷5起；查处商标侵权案件394件、假冒伪劣案件436件、傍名牌案件47起，案值3154万元，罚没金额888.67万元；受理文化市场方面有效举报403起，立案257起，办结248起。版权执法能力增强。2015年年初，长沙知识产权局收回版权执法委托职能，具体执法职能由执法处（专利、版权执法）履行。全市版权执法能力得到全面强化和提升。

第二章 知识产权战略：湖南省知识产权战略实施的核心竞争力提升

在经济全球化背景下，知识产权的战略意义极为突出，科学技术的迅猛发展，已从根本上改变了企业竞争的性质，知识产权成为经济全球化时代的生产要素和技术创新竞争优势的基础，而且这种无形的智慧创造活动，在国际经济、科技、贸易中的地位和作用得到了历史性的提升，必将成为最有价值的财产形式。自主知识产权的拥有量已成为衡量国家、企业综合实力和可持续发展的重要标志，知识产权竞争将成为企业竞争的最高形式。对知识产权的创造、占有和运用，已经成为一个企业乃至一个国家在竞争中取得优势的关键因素，对知识产权的保护成为国际竞争的必然趋势，日益受到世界各国的高度重视。美国专利商标局就曾在战略规划中明确指出，"知识产权是国家资源和美国在全球市场上成功的要素之一，美国经济要保持竞争力，在全球范围内有效保护知识产权是不可缺少的条件"。日本在 2002 年就出台了《知识产权战略大纲》，还制定了《知识产权基本法》，并明确提出"知识产权立国"的基本国策。事实表明，谋求通过知识产权保护的强化，来巩固和发展自身的科技优势，并最终实现自身最大的经济利益，已经成为发达国家的战略选择。在知识经济时代，知识产权日益成为国际竞争的制高点。为适应新的形势变化，2008 年，国务院颁布《国家知识产权战略纲要》。2015 年，为深入实施国家知识产权战略，努力建设知识产权强国，国家知识产权局制订印发《加快推进知识产权强省建设工作方案（试行）》。湖南省根据《国家知识产权战略纲要》总体要求，2009 年，制定并颁布了《湖南省知识产权战略实施纲要》，加快推进创新型湖南建设，实现富民强省。

一　湖南工业经济发展面临的
问题与创新环境优化

（一）湖南工业经济面临的形势

当下，工业经济形势依然严峻，还面临一些突出问题。其中，总量不足、结构不优、市场不活、措施不硬是当前工业发展遇到的最大的困难。① 工业经济仍处于逐步回升的关键时期，各种不稳定、不确定因素还很多，政策力度减弱或工作松懈都可能引起工业经济波动反复。这段时期必须继续把保持工业经济平稳较快发展作为首要任务，继续把工业结构战略性调整作为稳增长的战略举措，坚决贯彻落实、丰富完善相关政策措施，更好地把稳增长与转方式、调结构结合起来，保持政策的连续性、稳定性，增强系统性、配套性、有效性和可持续性。

1. 总量不足

一是工业总量偏低。自 2002 年以来，湖南规模工业年均增速虽已高达 19%，但 2012 年工业化率只有 41.3%，处于工业化初中期。2012 年，湖南省实现工业增加值 9140 亿元，在中部省份排名第三，比排名第二的湖北省少 412.35 亿元，比排名第一的河南省少 6217.36 亿元，工业总量明显偏低。

二是工业增速仍处低位。2013 年第一季度规模工业生产增速仅为 10.6%，比上年同期与全年分别回落 6.4 个和 4.7 个百分点，为近年来同期最低水平。与中部六省相比，分别落后安徽、江西、河南、山西、湖北各省 4.6 个、1.9 个、0.5 个、0.3 个、0.2 个百分点。

三是支柱产业增速下滑。从 2013 年 1—4 月的情况看，增加值总

---

① 该论点系湖南省社会科学院产业经济研究所课题组受省政府办公厅委托，对全省推进新型工业化情况开展了专题调研，得出的结论。

量居前 5 位的大类行业中，有 1 个行业负增长，1 个行业增幅低于 5%，2 个行业低于 15%。

2. 结构不优

一是重化工业比重大、战略性新兴产业比重低。以原材料产业为主的重化型工业在湖南工业中仍占有很大比重，而以现代电子信息、生物医药、高端制造、精细化工等为代表的高、精、尖技术产业的比例偏低。2012 年，湖南规模工业原材料工业增加值占重工业的比例仍超过了 40%，而战略性新兴产业增加值占全部规模工业的比重仅为 25% 左右。

二是产业集中度偏低，且有明显下降趋势。2006—2012 年，湖南工业全行业的产业集中度指数年均下降约 8%；2012 年，规模工业 39 个大类行业中，有 34 个行业的集中度指数比 2006 年下降。

三是创新投入和信息化水平过低。2012 年，规模工业企业研发经费占主营业务收入的比重只有 0.94%，与国际上公认 3% 的标准差距则更大。在信息化技术的运用上，国务院《工业转型升级规划 (2011—2015)》中要求工业主要行业大中型企业 ERP 普及率在 2015 年要达到 80%，而 2012 年湖南工业的这一比例还不到 50%。

3. 市场不活

一是产品出口下滑。2013 年第一季度，全省出口总额同比增幅比上年同期和上年全年分别降低了 8.1 个和 16.7 个百分点。全省工业品出厂价格同比指数为 98.79，为近 4 年来各季度的最低水平，分别比上年同期和上年末低 2.68 个和 0.27 个百分点。

二是产能过剩问题突出。2013 年第一季度末与上年同期相比，工业库存总体增加。从价值量看，全省规模以上工业产成品库存 621.01 亿元，同比增加 9.8%。从实物量看，在规模以上工业产销存季报统计的主要产品中，季末库存量同比增加的占 68.1%，占比为近 4 年来各季度峰值。

三是本省市场开发不力。2013 年 1—4 月，湖南实现社会消费品零售总额 2638.7 亿元，同比增长 13%，比全国平均增速高 0.5 个百分点。这说明湖南本地市场不仅大，而且内部消化能力也非常强。但从本次调研反馈的情况看，有28.6%的市州、40%的县域、35.3%的企业都认为湖南未能充分发挥本地市场的作用与优势，湖南产品在本土市场推广应用不足。

4. 措施不硬

一是项目开发举措太少。受国际金融危机影响，美、欧、日、韩等国家，正在鼓励本土产业资本回归；国内粤商、浙商、闽商，正在掀起"反哺家乡"热潮。中西部地区各省则各使解数，努力想在明显"缩水"的全球产业和资本转移"蛋糕"中，尽量多切一块。但从本次调研结果来看，湖南有42.9%的市州、60%的县域、50%的园区都认为省内重大项目开发举措太少，导致重大项目少、龙头企业少，项目带动能力不强。

二是要素"三难"解决太少。根据调研情况统计，有71.4%的市州反映产业链配套弱、生产性服务业发展滞后和资金短缺、融资难；有100%的县域反映用工难、用地难、融资难；有66.7%的园区反映基础配套、商业物业未到位，产业承载能力低；有32.4%的企业反映国际化和高端技术人才紧缺，人才引进政策缺乏有效的激励和保障。

三是园区体制理顺不力。从本次调研的结果来看，有42.9%的市州认为园区同质化竞争激烈，园区管理体制不健全，行政效能不高，项目审批环节多、期限长；有29.2%的园区反映国土、规划、发改委、消防、建设等主要职能部门行政服务质量和管理效率低，观念机制体制落后。

四是支持政策落实较少。自省第九次党代会提出实施新型工业化道路以来，湖南出台了30多个政策文件，涉及产业发展、土地、财税、人才、环保等各个方面。但本次调研发现，有50%的县域、33.3%的园区、26.5%的企业反映新型工业化发展政策落实力度不够。有重点工业城市估计，100条促进新型工业化发展的政策里面最后可能真正落地的仅有1—2条。惠企政策落实难、落实力度不够，使省委、省政府推动新型工业化的发展效果大打折扣。

（二）创新驱动发展的政策需求

1. 强化创新驱动，促进自主创新

一是加大财政支持企业自主创新的力度。借鉴上海、浙江等省市经验，建议对于央企、大型跨国公司在湖南省设立研发总部、本土企业建立企业研究院，符合条件的，根据前三年研发费用总和给予奖励，最高可达 500 万元；对于省内企业收购国外研发机构的，按收购合同金额的 5% 给予最高不超过 200 万元的一次性奖励；对于企业引进国际一流科技创新团队，符合条件的，可给予超过 500 万元的支持。继续落实好企业开发新技术、新产品、新工艺发生的研发费用加计抵扣和费用摊销政策，对符合条件取得、受让、许可使用国内外发明专利的单位及个人，以及被认定的知识产权管理规范达标企业，给予一定（50 万元）的经费补助。

二是加快推动实施工业专利技术产业化。借鉴安徽、湖北等省经验，以满足产业发展需求为导向，设立 3000 万元的专利技术产业化专项资金，用于支持专利价值评估、专利预警分析等专利产业化项目建设活动，对具备良好商业化前景、未来可成为支柱产业的工业领域专利的产业化项目进行立项和经费支持；工业企业购买大专院校、科研院所专利技术并在本地实现产业化的，给予企业专利技术实际购买或许可费用的 30%—50% 专项补助；支持中小微企业通过知识产权质押贷款缓解融资难题，对其专利权质押贷款按照每年不超过 50 万元的贴息补助；将高新技术企业专利保险纳入重点推广险种范围。

三是政府优先采购本土自主创新产品。借鉴上海、江苏经验，出台《湖南省政府采购自主创新产品操作规程》和《湖南省自主创新产品认定管理办法》，编制湖南"自主创新产品目录"和"政府采购自主创新产品目录"。有关部门将每年开展一次自主创新产品认定，认定有效期为 4 年；凡获得"自主创新产品证书"的产品率先在政府采购中享受优先参与、评分优惠等特别待遇。

四是强化标准制定、质量建设和品牌塑造。支持企业面向全球制定实施品牌战略，鼓励企业通过自创品牌、收购国外品牌等方式，创建一批具有自主知识产权和较强市场竞争力的名牌产品。建立和完善以产业链为基础的产品质量跟踪和安全检验检测体系，加强工业产品生产过程质量管理，推动质量控制由制造环节向设计、制造并举转变。支持企业以品牌共享为基础，大力培育集体商标、原产地注册、证明标志等区域产业品牌，提升湘字品牌的美誉度和影响力。支持企业参与国际、国内行业技术标准制定，强化具有自主知识产权的专利技术开发和保护，提高企业创新发展能力和国际话语权。

2. 提升行政效能，优化工业发展环境

一是构建减负领导体制，落实国家优惠政策。建立企业减负重点联系单位制度，做好及时监测、汇报工作，建立"大企业直通车"制度，组织开展减轻企业负担联合行动。对从事符合条件的公共基础设施、环境保护、节能节水项目的所得实行企业所得税"三免三减半"政策，切实解决企业的三角债问题。切实推进财政、税务、国土等部门认真落实国家（包括省）已出台的各项税收优惠政策。

二是实施动态优惠政策，优化企业发展环境。受金融危机影响，湖南省许多企业出现暂时性生产经营困难，建议参照湖北、河南、安徽做法，及时开展全省困难企业动态认定工作。经认定为困难企业的，享受社会保险费缓缴、稳定就业岗位补贴政策，并可依法申请税收缓缴和房产税、城镇土地使用税减免。

三是加强企业负担监督，清理地方行政收费。建议完善《企业负担监督管理条例》，湖南省人民政府减负办和省效能办要建立公开举报制度，对各类违法违规行为及时查处，公开曝光。对能取消的，一律取消；暂时不能取消的，要创造条件逐步取消；全面清理中介收费项目，把收费标准下限作为上限，在此基础上经双方协商，再予以优惠。地方各级人民政府、社会团体不得以任何理由向企业摊派，强制入股，收取管理费、赞助费。

3. 提高行政效率，推进政策落实

一是下放审批权限，强化"三制"推广。借鉴江苏省经验，对省级行政权力进行一次摸底，把过分集中于省直各部门的许可、处罚、征收、强制及其他审批权限能够下放到市级层面的尽量下放到市级层面；把过分集中于市直各部门的审批权限下放到县、区。同时，完善"首办负责制""限时办结制"和"责任追究制"，切实提高工作效率，为企业提供高效优质服务。

二是稳定增加投入，强化执行力度。建立与工业税收增幅相适应的财政投入增长机制，逐年扩大省新型工业化引导资金、省战略性新兴产业发展引导资金、技术改造资金等财政专项资金规模，通过财政贴息、奖补、设立投资引导基金、股权投资等方式，吸引各类社会资金加大对新型工业化建设的投入，有效发挥财政资金引导作用。同时，强化"湖南省加速推进新型工业化工作领导小组办公室"关于促进新型工业化政策督察落实的职能，提升效能。各市、县区人民政府也要参照执行，深入到每一个园区、每一家企业解决实际困难。

三是加强组织领导，强化责任考核。配强省加速推进新型工业化工作领导小组力量，制定并组织实施全省推进新型工业化整体规划，调度推进重大项目建设，研究制定相关产业政策。各级党委、政府"一把手"对工业发展中的重大事项和问题要亲自协调解决。各职能部门要制定支持新型工业化发展的具体政策措施，明确专人负责新型工业化相关工作的联系协调，形成工作合力。借鉴山西、安徽等省经验，强化省人民政府对各地市、各部门和重点园区实施的年度目标责任制管理，分解下达各地市、各部门和工业经济的目标，加强对平稳增长、项目建设、自主创新、节能降耗、成果转化等目标的分解指导督察。对各级各部门绩效考核中增加新型工业化的权重，由各级加速推进新型工业化工作领导小组严格实施考核并兑现奖惩。把各级党政领导干部抓工业发展的绩效纳入考察领导干部个人和班子建设的重要内容，作为干部提拔任用的重要依据。要注重及时将大中型企业、省直有关部门、相关科研院所中懂经济、熟工业、有实绩的优秀干部充实到各级领导岗位。

二　知识产权与核心竞争力的关系

知识产权是人们对智力活动创造的成果和经营管理活动中的标记信誉依法享有的权利。主要包括专利、商标、版权及相关权利、地理标志、植物新品种、集成电路布图设计、商业秘密和遗传资源、传统知识、民间文艺等特定领域知识产权。

知识产权战略是指通过加快建设和不断提高知识产权的创造、管理、实施和保护能力，加快建设和不断完善现代知识产权制度，加快造就高素质知识产权人才队伍，以促进经济发展目标实现的一种总体谋划。

"核心竞争力"理论来源于企业管理理论，是企业战略理论的前沿，最早是由著名管理学家 C. K. Prahala・Gary Hamel 提出来的。核心竞争力是持续竞争优势的源泉，后来延伸至地区、城市甚至是国家。区域核心竞争力是区域经济竞争力的优势表现，是指区域所特有的，在资源利用、产品开发、生产、市场开拓及服务中，与其他地区相比具有较大的竞争优势，具有不易被其他地区所模仿或学习的综合能力与素质，其特点是：具有独特性，是其他地区所没有或程度不及的，在竞争中能获得较大的差别利益；具有充分的经济和市场价值，能够极大地满足经济和市场不断发展的要求；具有发展的长远性和持续性，就是符合经济发展的基本趋势，能为区域经济带来持续发展的能力。核心竞争力有核心资源、文化和创新能力三个构成要素。

知识产权与核心竞争力的关系从以下几方面得以体现：

（一）创新能力是一种核心竞争力，而知识产权是创新能力和水平的重要标志

创新是一个国家、民族文化发展的源泉。自主创新能力是国家竞争力的核心，是我国应对未来挑战的重大选择，是统领我国未来科技发展的战略主线，是实现建设创新型国家目标的根本途径。2006 年 5

月 26 日，胡锦涛在中共中央政治局第 31 次集体学习时，对知识产权与自主创新的关系作了明确的阐述。胡锦涛强调，要充分发挥知识产权在增强国家经济科技实力和国际竞争力，维护国家利益和经济安全方面的重要作用，为我国进入创新型国家行列提供强有力的支撑。知识产权对自主创新起着重要的支持作用：第一，激励创新主体发明创造的积极性。知识产权制度的实质是对人类的智慧劳动成果给予法律保护。在当今社会无论是从事发明创造，还是文学艺术、影视作品的创作，或者创意产业和其他智力活动，都需要做大量的投入，它所产生的成果在经济社会中起到越来越重要的作用，特别是这些智力成果能够转化成社会财富。第二，促进创新成果的市场化。知识产权制度从本质上讲是市场经济的产物，它承认人类的智慧成果也是商品，可以通过市场实现它的价值。在很多情况下，智力劳动成果转化成市场产品需要一个漫长的过程，仅有创作者的积极性是不够的，还需要有社会其他方面的投入。例如，一项发明专利要实施转化成产品，就需要有企业进行大量的投入，对发明加以完善，使其适应市场的需要。如果没有知识产权制度，这些实施人、投资者的积极性也会受到挫伤。第三，知识产权是自主创新的重要目标。在 2006 年公布的《国家中长期科学和技术发展规划纲要》中，知识产权被纳入发展目标，其中强调要形成一批具有自主知识产权和知名品牌，国际竞争力较强的优势企业。国人拥有的授权发明专利的数量也是衡量创新型国家的一个重要指标。因此，中央提出要从知识产权的创造、管理、保护、应用等各个方面采取措施，支持形成一批对经济社会发展具有重大带动作用的核心技术和关键技术装备的自主知识产权。只有这样才能实现创新型国家的发展目标。

（二）知识产权是产业竞争力的一种重要手段

自主创新固然重要，但在竞争日趋激烈的形势下，科技创新成果如果不能取得自主知识产权或与他人的知识产权相冲突，均可能对创新成果的合法产业化构成障碍，不仅不能为科研开发主体带来合理回报，挫伤科研开发的积极性，还必然浪费有限的科技资源。大量的创新投入在没有知识产权这种法律制度保护的情况下将无法收回，也无法获得回报。因此，自主创新与知识产权是不能画等号的。知识产权是无形资产的核心，也是产业保持竞争优势的关键要素和长久竞争力的基本内核。如今，产业竞争优势不再局限于土地、劳动以及自然资源等有形的物力要素，而是更多依靠技术、商标、品牌等无形的知识资源。随着国际知识产权保护的加强，知识产权在产业竞争力的地位日益显著。比如，目前我国具有一定国际竞争力的产业多集中在劳动密集型领域，在高科技领域的优势也多表现在硬件制造方面。国内部分企业至今未能完全摆脱粗放型的经营方式，一些产业仍然依靠高投入、高消耗来支撑高增长，这不仅不符合当今世界经济发展的趋势，也难以维持长久的竞争优势。而且，作为行业中基础单元的中小企业，知识产权保护和自主知识产权开发能力不足，这在一定程度上也影响了整个产业的国际竞争力。

（三）知识产权是区域软实力的重要表现

"软实力"作为国家综合国力的重要组成部分，特指一个国家依靠政治制度的吸引力、文化价值的感召力和国民形象的亲和力等释放出来的无形影响力，如文化、制度、传媒等。当今时代，包括知识产权在内的软实力正成为各国增强经济能力、科技实力和国际竞争力，维护本国经济利益和经济安全的战略资源；同时，各区域也把提高自主创新能力作为调整经济结构、转变经济增长方式、提高区域竞争力的中心环节。新闻出版、广播影视、文学艺术、计算机软件、网游动漫等创意产业的发展，具有较强国际竞争力和市场开拓能力的知名品牌的打造，民间文艺等非物质文化遗产的保护和运用等，都属于知识产权的范畴，构成了文化软实力的重要内容。

（四）知识产权是后危机时代湖南实现"弯道超车"的一个重要竞争策略

面对金融危机的挑战，各国在积极调整产业政策的同时，越来越多地将知识产权作为优化结构、鼓励创新、摆脱危机、突破困境的重要手段之一。湖南省委、省政府领导在深入落实科学发展观、应对国际金融危机的关键时刻提出了"弯道超车"的理念。这是湖南作为一个中部省份在危机冲击下迎难而上,争取经济较快增长态势的形象说明。中央在《关于加快中部崛起的若干意见》中特别强调中部地区发挥区位、资源和科技优势。在湖南这样的中部省份,要珍惜有限的财力和创新资源,要在技术创新中贯彻以市场为导向,以知识产权为依据的方针,将创新成果能否合法产业化作为研发决策的重要前提,将获取知识产权的数量和质量作为检验技术创新成功与否的重要标准,鼓励创新成果申报知识产权,尤其是申报发明专利和国外专利。湖南有着较好的创新资源和丰富的创新成果;我们既然选择在"创新弯道"超越对手,就要踩足知识产权这个油门,凭借知识产权强大动力实现"弯道超车"。

(五) 知识产权是促进转方式、调结构的重要动力

进入知识经济和全球经济一体化的今天,美国、日本和西欧国家的研发投入占世界总量的80%,发明专利占世界总量大约95%,控制着制造业的高端部分和各产业领域的技术前沿。越是发达国家,知识产权的作用就越明显,知识产权已经成为发达国家的国策,成为转变工业发展方式的一个重要手段。

近年来,湖南省经济发展方式逐步从粗放型、外延型向集约型、内生性转变。转变经济发展方式,关键在于企业转变发展方式,出路在推进新型工业化。五年来,省委、省政府把自主创新作为转方式、调结构的中心环节,先后出台了一系列增强自主创新能力,促进经济发展方式转变的重要文件和政策措施,共实施60个重大科技专项,攻克关键技术"瓶颈"270多项,取得了千万亿次超级计算机等一批具有自主知识产权的重大科技创新成果。高新技术产业加快发展。2009年,全省高新技术产品产值达4450亿元,实现增加值1400亿

元，占 GDP 的比重达 11.5%①，基本形成了新材料、先进制造、电子信息、生物医药、节能与新能源五大优势高新技术产业集群。自主创新为湖南经济发展方式转变提供了有力的科技支撑。省政府颁布了《湖南省知识产权战略实施纲要》，出台了一系列以企业为主体、以获取自主知识产权为目标，产学研相结合的技术创新体系建设政策措施。省新型工业化领导小组将企业专利纳入了对市州的考核指标体系，省知识产权局、省财政厅开展了知识产权优势培育企业工程，加强了对企业指导和服务及企业人才培养，帮助企业建立知识产权制度，全方位提高企业运用知识产权制度的能力。五年来，湖南省专利申请量和授权量快速增长，2009 年分别达到 15948 件和 8309 件，比 2005 年分别增长 82% 和 127%，其中工业企业专利申请量和授权量分别为 7053 件、3696 件，比 2005 年增长 275%、964%，增幅居全国前列。大批自主知识产权的取得和运用，提升了湖南经济的核心竞争力。可见，知识产权制度有力促进了湖南省自主创新能力提升和新型工业化发展。

因此，实施知识产权战略是走新型工业化道路、实现跨越式发展的必然选择，是推进自主创新、建设创新型湖南的客观需要，是实现又好又快发展和富民强省的必由之路，是提升湖南省核心竞争力的重要手段。

三　"十二五"实施知识产权战略提升核心竞争力的现状和问题

（一）湖南省实施知识产权战略以来的现状

2009 年 2 月 26 日，《湖南省知识产权战略实施纲要》颁布，各

---

① 《2009 年湖南高新技术增加值预计占全省 GDP11.5%》，新浪网，http://www.sina.com.cn，2010 年 1 月 18 日。

市州战略实施方案也纷纷出台，通过各部门各单位团结协作，共同努力，取得了一定的成绩，利用知识产权提高核心竞争力的作用日益凸显。知识产权事业发展规划纳入了全省国民经济社会发展的整体规划，利用知识产权提升区域、产业和企业的核心竞争力的意识逐步增强，知识产权拥有量稳步增长，工作体系不断完善，知识产权保护体制建设进一步完善，知识产权人才队伍和中介服务机构不断发展壮大，市场主体运用知识产权制度的能力和水平逐步提高，对知识产权工作的投入大幅度增加，围绕重点产业（企业）的知识产权工作取得显著成效，全面启动了湖南省知识产权信息平台建设。

全国人大专门委员会委员、中国社会科学院法学研究所研究员郑成思认为，知识产权战略应该包括创新战略、应用战略、保护战略和人才战略四个方面。为有效地促进知识产权战略的实施，湖南省知识产权工作立足湖南的省情和中部地区的实际，紧密围绕激励创造、有效运用、合理保护、有效管理的四个关键环节，借以提升湖南区域、产业和企业的核心竞争力。

1. 自主知识产权拥有量稳步增长，为提升核心竞争力打下坚实的基础

一是随着知识经济的发展，湖南自主知识产权数量稳步增长，专利申请以及专利授权的数量呈现出逐年攀升的良好趋势，在中部六省中名列前茅。2009 年，湖南申请专利 15948 件，授权 8309 件。据统计，截至 2009 年 12 月 31 日，湖南省累计专利申请 123311 件、授权 62188 件。

二是商标及地理标志、植物新品种保护进展显著。据相关数据统计，截至 2009 年年底，全省累计核准注册商标达 80664 件；中国驰名商标总数 62 件，居中西部地区第 1 位，全国第 9 位；有效著名商标累计 992 件。地理标志证明商标累计 32 件，居全国第 7 位。截至 2009 年 12 月，全省累计获得农业植物新品种权 120 个，居全国第十位，其中水稻授权品种 109 个，占授权总数的 90.8％，此外，玉米、油菜、棉花和猕猴桃共获得授权 11 个，占授权总数的 9.2％。

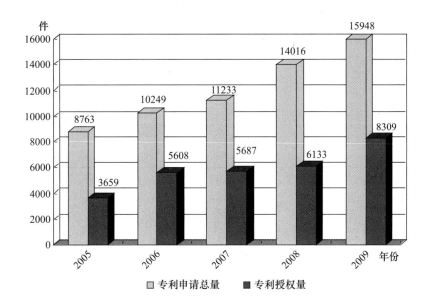

图 2 - 1 湖南省 2005—2009 年专利申请及授权增长情况

表 2 - 1 湖南省 2005—2009 年专利申请及授权量及全国排名

年份	湖南省专利申请		较上年增长比例	专利授权数量	申请量全国排名	授权量全国排名
	总数	发明				
2005	8763	2594	14%	3659	13	12
2006	10249	3578	17%	5608	13	10
2007	11233	3670	10%	5687	13	12
2008	14016	5335	24.78%	6133	12	13
2009	15948	4416	13.78%	8309	14	13

表 2 - 2 中部六省累计专利申请受理与授权状况（截至 2009 年）单位：件

项目	湖北	河南	湖南	安徽	江西	山西
专利申请受理量	143305	125646	123311	65278	41268	40031
专利申请授权量	60313	65192	62188	34971	21965	21811

表 2 – 3　　　　中部地区商标拥有量比较（截至 2007 年）　　　单位：件

省份	初审	注册	注册比例（%）	名次
河南	64288	61937	22.91	12
湖北	62956	61552	22.77	13
湖南	56940	55127	20.39	14
安徽	41921	40098	14.83	17
江西	29054	28156	10.42	22
山西	24047	23444	8.67	25

图 2 – 2　中部各省商标注册百分比（截至 2007 年年底）

三是版权事业发展势头良好。近年来，全省作品自愿登记数字稳定，计算机软件版权登记逐年上升，开展涉外版权贸易较为活跃。根据国家版权局统计，在全国引进版权数量最多的五个地区中，湖南是其中之一（另外四个是北京、上海、江苏、吉林）。但在版权输出方面较为滞后。

表 2 – 4　　　　　　　2005—2009 年湖南省版权相关统计

项目	2005 年	2006 年	2007 年	2008 年	2009 年
作品自愿登记（件）	268	240	249	252	438
计算机软件版权登记（份）	30	230	171	524	1327
版权引进（种）	142	165	239	226	171
版权输出（种）	5	69	25	80	100

2. 引导运用战略：有效促进知识产权的实施运用，极大彰显核心竞争力的提升

大批专利技术的实施运用，带动了湖南省装备制造、新材料、信息技术、生物医药等高新技术产业的快速发展和有色钢铁、烟花陶瓷等传统产业的技术升级。湖南省新闻出版、广播电视、动漫游戏和文化娱乐产业，依靠知识产权和品牌优势迅速发展壮大、引领全国。知识产权为湖南省经济发展、文化繁荣提供了强劲的动力。大批自主知识产权的取得和运用，极大地提升了"湖南制造"在国内外市场上的竞争力，增强了湖南省企业在国际金融危机中的抗风险能力。

表 2 - 5　　　湖南省 2005—2009 年市（州）专利实施统计

年份	专利实施数量(件)	实现销售收入(亿元)	实现利税(亿元)	出口创汇(万美元)
2005	3608	171. 30	12. 85	7682. 95
2006	5156	476. 10	48. 31	65278
2007	8214	705. 23	253. 78	57715
2008	7699	692. 21	96. 71	176000
2009	9309	495. 61	89. 08	141900

湖南一批具有知识产权优势的企业支撑了全省产业的快速发展，知识产权对湖南省经济发展的驱动力明显增强，其知识产权优势在激烈市场竞争中日益显现。目前，全省有 100 家企业进入省知识产权局和省财政厅联合开展的知识产权优势企业培育工程。从所属行业看，主要分布在工程机械、轨道交通、钢铁有色、食品烟草、石油化工、林纸加工、生物医药和新材料等支柱产业。3 年来，前三批 73 家知识产权优势培育企业年专利申请平均增长 44.78%，2009 年达到 2773 件，占全省企业专利申请的 40%。其中发明专利 809 件，占企业专利申请的 29%。具有自主知识产权的产品已占销售收入和出口创汇的 70% 以上。2009 年，三一集团申请专利 513 件，比上年增长 189%，累计达 1535 件。中联重科申请专利 129 件，同比增长 100%。两家企业专利申请量已占入围全球工程机械前 50 强的 8 个中国企业专利申

请总和的66.6%。千山药机凭借专利技术产品应对金融危机，累计专利申请390件，2009年出口近亿元，增长156%。专利实施也成为县域经济中的一个亮点。常德临澧凭借专利技术，在国内率先建成15条高强高模聚乙烯纤维和10条连续式高强高模聚乙烯纤维无纬布生产线，一举在该产品的规模化生产方面跻身世界前列。益阳安化已形成有色金属、茶叶、楠竹等八大专利优势产业群，黑茶产业也更是借专利技术实施声名鹊起，产品畅销全国29个省市区，市场占有率达50%以上。

3. 知识产权工作体系建设逐步加强，人才队伍不断壮大，为提升核心竞争力提供了政策保障和智力支持

在省委、省政府和各级领导的努力下，湖南省知识产权工作体系建设取得一定成效。2005年年底前，全省14个市州全部建立了知识产权局，超过90%的县市都设立了知识产权管理机构或部门，强化了管理和执法职能。全省已基本形成了"覆盖城乡、形成网络、上下联动、运转灵活"的知识产权管理体系。知识产权试点示范工作进一步深化，优势企业培育工程和企事业单位试点工作全面启动。长株潭三市进入了国家知识产权试点城市，长沙和湘潭还跻身了国家10个知识产权示范创建城市的行列，6个县市、3个园区列入"国家知识产权强县工程"和试点园区。全省先后在4批47个县市区中开展了知识产权工作试点，其中4个成为省级知识产权示范县市。城市、县市试点工作有力地促进了湖南省知识产权管理体系建设和区域经济发展。

协调保护知识产权的长效管理体系建设不断完善。省知识产权协调领导小组及省整规工作领导小组、省保护知识产权工作组各成员单位进一步完善全省联动、各方协同、行政与司法密切配合的知识产权保护机制，协调保护知识产权的长效管理体系的作用得到了进一步发挥。各相关部门定期、不定期开展了统一执法行动，进一步推动了行政执法与刑事执法的衔接，提高了执法协作和联合督办重大侵犯知识产权案件中的合作机制。

全省知识产权人才队伍建设不断加强。为有效促进市州加强知识产权执法工作，省知识产权局下拨经费为各市州均配备知识产权执法

车，知识产权试点示范县市区也明确要求配备 3 人以上的执法人员。知识产权代理、评估鉴定、托管服务、融资担保等服务体系工作逐步开展，鼓励全省知识产权系统、企业、中介的知识产权人才参加代理人考试，并制定相应的激励政策鼓励引进优秀的中介和代理人来湖南从事知识产权工作，引导企业申请专利、商标等知识产权质押贷款。以知识产权培育工程中优势企业为模板，培训专门的知识产权管理人才，以此带动全省企业知识产权专职人员的队伍建设。利用湖南大学优异的师资力量，启动全国第一个知识产权教育培训基地，为湖南知识产权人才队伍建设提供有力保障。

4. 知识产权保护力度不断加大，为提升核心竞争力营造良好环境和氛围

在知识产权事业快速发展的同时，湖南加大了知识产权保护的行政执法力度，在全省持续开展查处和打击侵犯知识产权、制假、售假的专项行动，营造"尊重知识、尊重人才"的良好社会环境。

"十一五"以来，全省立案处理各类专利案件 631 件，其中专利纠纷案件 165 件，查处假冒冒充案件 431 件，其他案件 35 件，向公安部门移交案件 5 件，跨省市及与其他部门协作办案 15 件，有力地打击各类侵犯专利权的违法行为，进一步规范了湖南省市场经济秩序。在认真抓好日常执法的同时，全省专利行政管理部门认真开展了保护专利权专项执法行动，全省共出动执法人员 3915 人次，检查商品 49389 件。为改善执法装备条件，2009 年省知识产权局为全省统一配备了 16 台执法专用车。省、市知识产权维权援助中心自 2008 年成立以来，积极开展工作，帮助湖南省企业依法维护自身合法权益。与此同时，借力泛珠三角等区域合作机制，广泛开展区域专利行政执法协作，其中泛珠三角区域专利行政执法协作机制取得初步成效，专利案件移送显著增多。以长株潭专利行政执法协作机制建立为标志，省内各市（州）间专利执法横向协作生机勃勃，跨市（州）专利执法协作不断增多，效果明显。

其次是全省法院高度重视知识产权审判工作，严格审判管理机制，提高司法效率，加大知识产权司法保护力度，全面提高知识产权整体司法水平。到 2008 年年底，全省 14 个市州中级法院已有 12 个中级法院设立了民三庭，负责知识产权案件的审理，并根据最高法院批复，增加指定株洲中院管辖专利民事纠纷一审案件、长沙市天心区法院管辖部分一审知识产权民事纠纷案件。

2002—2008 年 9 月，全省法院共审理一审、二审知识产权案件 2119 件，年均增长 56%。案件涉及地域范围由以长沙中院受理为主发展到各地市分布趋向平衡。案件类型充分拓展，网络著作权和网络域名、驰名商标认定、传统知识、植物新品种、确认不侵权、特许经营合同等新类型案件不断涌现。审判质效显著提高，2002—2007 年，结案率从 52% 上升到 85%，上诉率由 60% 下降到 21%，案件调撤率由 25% 上升到 38%。审理了一批有重要影响力的精品案件，如侵犯法国鳄鱼商标权纠纷案、侵犯超级女声著作权及不正当竞争纠纷案。成功调解了多起社会影响较大的案件，如侵犯巨星公司专利权系列纠纷案、侵犯蓝猫商标权及不正当竞争系列纠纷案，均取得了良好的社会效果。

（二）面临的形势和存在的问题

从国际上看，后金融危机时代经济发展方式和竞争模式发生了转变，发达国家利用专利、标准、碳排放等实施隐性贸易保护，设置非关税壁垒；从国内来看，市场竞争更加激烈，沿海发达地区企业加紧专利布局，区域间知识产权发展的不平衡将会拉大经济社会发展差距；从省内分析，湖南省科技成果优势明显，国家科技奖获奖数居全国前列，将创新优势转化为知识产权优势并最终形成经济优势任重道远；从工作层面分析，省内企业知识产权纠纷日趋增多且复杂，知识产权已成为企业和产品走出去的屏障，因此对政府的执法维权、引导推动和援助服务提出了新的需求。目前，如何提升湖南省区域、产业和企业的核心竞争力，更好地促进创新型湖南和新型工业化建设，实现"弯道超车"，有如下"瓶颈"问题需要突破：

1. 知识产权观念淡薄，以知识产权提升核心竞争力的意识缺乏

目前，湖南省社会公众的知识产权意识比较薄弱。无论是在经济

较发达的长株潭地区，还是经济相对落后的湘西地区，社会公众知识产权的了解程度都是不尽如人意。据我们开展的专项调查，对知识产权具有一般了解的不超过40%，而有超过60%的被调查对象对知识产权一无所知。就是在对知识产权具有一般了解的这部分人中，对知识产权具体知识的了解也远远不够，对传统知识产权知识的了解少，对相对出现较晚的知识产权类型也就了解更少了，如地理标志、植物新品种、集成电路布图设计等，掌握相关专业知识的人更是屈指可数。

严重的是，不仅是社会公众知识产权意识比较薄弱，就是作为市场竞争参与主体的企事业单位也是如此。绝大多数企事业单位并没有深刻认识知识产权制度在市场竞争中的地位与作用，没有建立有效的知识产权制度，没有落实管理机构、管理人员，不重视创造和积累无形财产，研发人员专利信息利用和专利保护水平不高，发明创造不申请专利保护，产品好、服务好不懂得树立商标形象。据近期对全省340多家企业的专项调查表明，90%以上的企业没有申请过专利，绝大部分企业没有自己的商标。由于对知识产权知识不了解、不熟悉，知识产权信息这一巨大的科研资源没有得到充分利用。作为企事业单位发展战略重要组成部分的知识产权战略研究尚未提到议事日程，运用知识产权战略和策略的意识和能力远远不够。知识产权制度在促进企业技术创新，增强市场竞争能力等方面的作用还远未充分发挥。

湖南地处中部，"唯楚有才，于斯为盛"，创新能力强，科技优势明显，但将创新科技优势转化为知识产权优势，并最终提升核心竞争力的观念、意识淡薄。2009年国家科学技术奖励大会上，湖南省共有30个项目获得国家科学技术奖，是1999年《国家科学技术奖励条例》颁布以来获奖数最多的一年。其中，获国家科技进步奖一等奖2项、国家技术发明奖二等奖3项、国家科技进步奖二等奖25项。在这些获奖项目中，湖南省单位和个人为第一完成者的项目15个，参与完成项目15个。尽管如此，湖南企业、发明人将科研成果申请专利，并最终转化为合法的市场垄断，以此获取大量的国内外市场订单的意识还很缺乏。这导致的直接结果是湖南的企业，甚至是产业在竞争日益激烈的知识经济时代缺乏核心竞争力和持久的战斗力。

2. 知识产权拥有量不足，区域核心竞争力不强

湖南的专利申请量和授权量，无论是与沿海发达地区相比，还是与全国平均水平相较，都有很大的差距。截至2009年年底，湖南省累计专利申请123311件、授权62188件，仅占全国总量的2.52%和2.35%。2000年以来申请量全国排名徘徊在第10位至第14位之间。从2008年国家知识产权战略颁布以来，各省相继出台战略实施纲要，但对促进申请量增长的效果差别较大，江苏、广东、浙江、安徽各省市的专利申请势头更盛，而湖南的态势却不太理想。

（1）专利申请量与经济发达地区相比，落差很大。近六年来，江苏、广东、浙江三省一直占据我国专利申请前三位。2009年，该三省专利申请量分别为174329件、125673件、108482件，都在十万件以上，而湖南省则刚刚突破15000件。

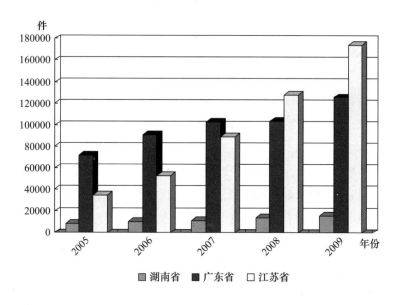

图2-3 湖南、广东、江苏三省近五年专利申请量增长比较

（2）专利申请量与中西部优势地区相比，差距明显。近几年来，四川、湖北、河南等几个内陆省份，专利申请增势明显。在2006年

以前，湖南与它们的排名还互有先后，之后就完全被赶超。2009 年，上述各省的申请量分别为 33047 件、27206 件、19589 件。

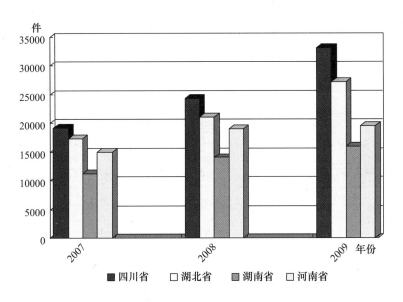

图 2-4 四川、湖北、湖南、河南四省近年专利授权量增长比较

（3）从专利质量上来看，发明专利申请量较低。2009 年，全省共申请发明专利 4416 件，从 2008 年的全国第 9 位下降至 2009 年的第 15 位。而发达地区广东 32249 件、江苏 31801 件，中西部地区四川 6260 件、湖北 6065 件、河南 4952 件、安徽 4465 件。

（4）专利申请量增速低于全国平均水平和多数省份。从 2005 年到 2009 年，全国国内专利申请授权平均增速为 31%，湖南仅为 23%，排名全国第 18 位。其中，江苏 59%、安徽 45%、四川 45%、陕西 34%、湖北 31%。

（5）每百万人口专利年申请量大大低于发达地区。按每百万人口专利年申请量统计，2009 年湖南省为 232 件，而全国平均 658 件，其中北京 2964 件、江苏 2271 件、广东 1309 件、湖北 476 件、陕西 414 件。

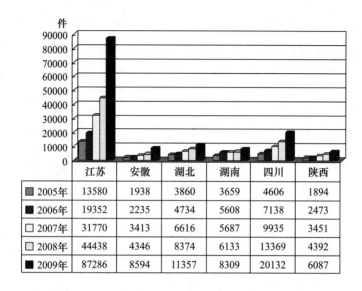

	江苏	安徽	湖北	湖南	四川	陕西
■2005年	13580	1938	3860	3659	4606	1894
■2006年	19352	2235	4734	5608	7138	2473
□2007年	31770	3413	6616	5687	9935	3451
□2008年	44438	4346	8374	6133	13369	4392
■2009年	87286	8594	11357	8309	20132	6087

图 2-5 2006—2009 年六省专利申请平均增速

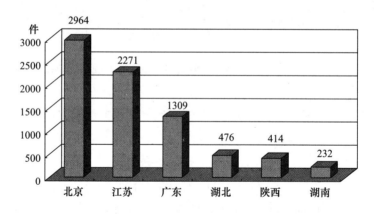

图 2-6 2009 年六省市每百万人口专利申请量

（6）长株潭三市专利申请量低于全国同类城市。2009 年，长株潭三市申请量为 9593 件，而广州为 16514 件，武汉为 14600 件，成都为 26130 件。而每百万人口专利年申请量长沙仅为 959 件，还不及江苏、广东一个省的平均水平。

（7）工业企业专利拥有量不足以形成知识产权优势。重点工业区域中，湖南省支柱产业专利拥有量虽有较快增长，但仍不足以形成知识产权优势。如湖南省工程机械行业目前申请专利 2509 件，在国内占有一定优势，但与日本小松机械的 2.5 万件和美国卡特彼勒公司的 1.5 万件相比，差距明显，更别提日立建机的 55 万件专利。从 2006 年至 2008 年，全省工业企业专利申请总量为 10300 件，不及华为一家企业的 15681 件。

商标方面，注册商标不多，商标含金量也不高，驰名商标拥有量与发达省市差距也很大。据对湖南数百家企业的专项调查，有近半数的企业竟然从来没有注册过商标。而被调查的 24 家骨干企业中，虽然绝大部分都注册过商标，但累计商标注册申请只有 2151 件，并且基本上是集中在卷烟、食品等传统资源型企业上，含"金"量高的驰名商标不多，全省驰名商标与沿海个别城市相去甚远。有的企业即使申请了注册商标，也只在销售中的一些商品或服务上进行了注册，根本就没有在相关领域或相关国家（地区）进行防御性注册，这对湖南省企业将来的发展留下了隐患，白沙系列部分商标在部分国家被抢注就是一个很好的例证。

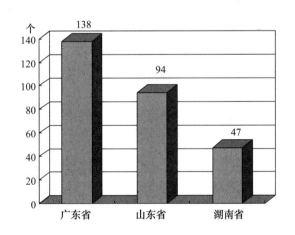

图 2-7　湖南省、广东省、山东省驰名商标拥有量比较

3. 体系和人才队伍建设不够，知识产权事业的发展缺乏保障和支持

全省知识产权行政管理机构不健全，执法人员数量少，除长沙外

其他市州知识产权局都是科技系统的下属单位,不能充分发挥其行政职能,40%的市州、80%的市县知识产权部门不能满足开展专利行政执法(至少3人)的需要。知识产权代理、评估鉴定、托管服务、融资担保等服务体系不完善。

人才队伍方面。首先,既懂得知识产权法,又懂得理工科相关知识的"双懂"复合型人才极其缺乏,这是制约湖南省知识产权工作尤其是专利工作的创新与进一步发展的一个关键。专项调查数据显示,湖南省行政、司法部门人才结构不太合理,在编380多人中,法律专业的人员占绝大多数,而真正知识产权专业的人员只有6人。

其次,湖南省具有良好服务水平的知识产权中介机构还不多,尚不能适应其知识产权战略需求。这也是知识产权与产业经济之间尚未形成顺畅的转化渠道,进而成为影响湖南经济发展的一个重要因素。湖南省近年专利代理量占总申请量的比重明显偏低,说明专利代理服务机构与企业的对接还很不够。

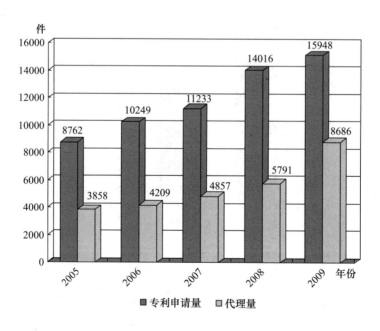

图2-8 湖南省近年专利申请量与代理量

以截至 2009 年 7 月的统计为例，湖南省有专利代理服务机构 20 家，执业代理人超过 20 人的没有一家。全省执业专利代理人仅 131 人，其中 50 岁以上的占 64%。而同一时期，广东省共有专利代理服务机构 87 家，执业专利代理人 600 个。上海市共有专利代理服务机构 59 家，北京市共有专利代理服务机构 163 家，执业代理人超过百人也不在少数。湖南省专利代理服务机构这一现状，无论是在规模上，还是在数量上，与发达省市相去甚远，难以适应全省知识产权事业迅猛发展的需求。

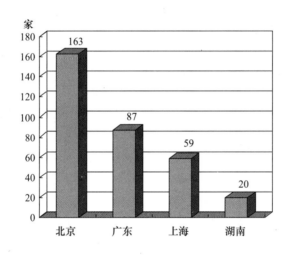

图 2-9　近年湖南省与发达省市专利代理服务机构数量对比

（不含国防专利机构）

最后，企业知识产权管理人才严重不足，配备专兼职人员的规模以上企业不到 100 家，人员不超过 300 人。知识产权专职人员配备最多的三一也只有 23 人，而华为公司就有 200 多名专职人员。中联、三一等大型企业都急需专利工程师。懂国际规则的高层次人才更是奇缺。

4. 缺乏知识产权支撑，产业核心竞争力较弱

实施知识产权战略，最终的着力点在于产业和企业的发展，而对于国家、地区，其产业和企业的发展前景取决于其拥有核心竞争力的

大小，实施知识产权战略对于提升产业核心竞争力具有关键意义。在当今知识经济和经济全球化不断深入发展的形势下，知识产权已经成为竞争的焦点，成为企业乃至产业竞争实力的重要体现。在美国，自其建国以来，知识产权制度始终是帮助其取得重要成就的关键因素。2005 年，《美国创新报告》中指出："美国知识产权的价值约为 5 万—5.5 万亿美元，相当于美国 GDP 的 45%，比世界上任何其他国家的 GDP 总值都要高。同时，美国私营产业增值的 40%、出口型产品和服务增值的 60% 得益于知识产权事业的贡献，GDP 未来 10 年的预期增长额将比目前的预测值低 30%。美国知识产权业员工约 1800 万名，人均收入超出美国其他行业 40%"。[①]

表 2 - 6　　湖南省重点产业专利情况（截至 2010 年 3 月初）

序号	产业	全国总计（件）	湖南省总计（件）	占全国百分比（%）	全国发明专利总计（件）	湖南发明专利总计（件）	占全国发明专利百分比（%）
1	电子信息	279640	1077	0.39	239322	399	0.17
2	纺织	60022	1264	2.11	34236	545	1.59
3	钢铁	26363	475	1.8	18528	278	1.5
4	汽车	149194	3445	2.31	55627	587	1.06
5	轻工业	675396	15265	2.26	376514	6023	1.6
6	生物医药	63205	1307	2.07	40959	933	2.28
7	石化	12736	327	2.57	12520	320	2.56
8	物流	87639	2342	2.67	24924	257	1.03
9	新材料	100356	985	0.98	93539	842	0.9
10	有色金属	17365	795	4.58	15188	715	4.71
11	装备制造	61974	1921	3.1	24196	487	2.01
12	新能源	5333	68	1.28	2867	36	1.26
	总计	1539223	29271	1.90	938420	11422	1.22

注：全国总计数为与湖南省产业相关领域专利数。

————————

[①] 贺化：《实施国家知识产权战略提升产业核心竞争力——在第二届北京国际医药与化工知识产权高峰论坛上的发言》，《知识产权》2009 年第 5 期。

缺乏知识产权的支撑，产业不能发展，更得不到持续的发展，美国著名经济学家曼斯菲尔德曾经做过一项调查研究，结果显示，如果没有专利保护，60%的药品发明难以问世，65%不会被利用；38%的化学发明难以问世，30%不会被利用。① 而对于软件产业等来讲，如果没有强有力的知识产权保护，这些版权核心产业难以进一步发展壮大。

湖南省产业创新能力和技术水平不断增强，但产学研结合及创新成果在省内转化水平不高；产品市场占有率较高，但"三高一低"的状况没有根本改变；形成了一批研发团队，但科技人员整体知识产权意识和知识产权产出不高；拥有一批专利、商标等自主知识产权，但数量不够多、结构不够优、关联度不够强，难以形成有效的知识产权控制力；开始注重运用专利、商标参与市场竞争，但通过运用知识产权制度提升产业核心竞争力的能力不强，产业整体效益有待提高。

四　建设创新型湖南亟待改善知识产权发展环境

近年来，湖南省申请授权数年均增幅24.7%略高于全国水平，累计专利申请、授权量和驰名商标拥有量均居中部第一位、全国第十位。长株潭地区专利授权量和拥有的中国驰名商标等知识产权数量占全省七成左右。《湖南省知识产权（专利）"十三五"规划》提出，到2020年，将湖南建设成为支撑型知识产权强省，专利综合实力保持在全国前十行列，长沙市、株洲市、湘潭市进入全国知识产权工作先进城市行列。到2020年，全省年发明专利申请量达到3万件，年专利申请总量达到8.8万件，每万人口发明专利拥有量达到8件。规模以上工业企业有专利申请的比例达到25%，每亿元工业增加值的发

① 戴红美：《"一带一路"战略实施中加强我国知识产权保护的现实困境及路径探索》，《新丝路》（下旬）2016年第5期。

明专利申请量达到 1.67 件。着力打造 3—5 个专利密集型产业。其中长株潭地区每万人口发明专利拥有量超过 24 件，专利行政执法案件规定期限内结案率达到 100%；培育 3—5 家综合性知识产权中介服务机构；全省知识产权人才总量达到 3 万人左右。

湖南知识产权转化率不高，特别是高等院校、科研院所的知识产权转化运用率不到 20%，大量成果在沉睡，没有转化成现实生产力。近年，省会城市长沙全市专利申请增长势头放缓，增长后劲明显不足，全市国内专利申请增速（14.1%）低于全国（27.1%）和全省（21%）增速。与此同时，侵权案件也在激增，2015 年行政执法机关侵权假冒立案达 1.31 万件。[①] 大量重复侵权、深层链接侵权、隐性侵权的存在使得执法变得更加困难。另外，知识产权的运营能力仍不强，与产业发展需求不相协调，如专利质押融资额仅 3.9 亿元，不到全国的 1%。因此，湖南亟待推进专利、商标、版权等知识产权统一综合管理体制改革创新，为湖南创新驱动发展提供制度支撑与保障。

在产业价值链的高端，普遍都是密集的知识产权布局，没有知识产权的推动，任何企业都难以在价值链高端有立锥之地。近年来，湖南坚持把创新作为发展的第一驱动力，强力打造"创新型湖南"新名片，有效促进了全省综合实力和核心竞争力的不断提升。建设创新型湖南是湖南省委省政府贯彻落实国家创新驱动战略实现发展方式转变的重大战略举措。2012 年 2 月，湖南省委省政府印发《创新型湖南建设纲要》，10 月，召开全省科技创新大会，要求进一步动员和凝聚全省各方面力量，深化科技体制改革，加快建设创新型湖南。创新型湖南，是以科技创新为主体、以提高自主创新能力为核心的全社会协同创新。

长株潭城市圈在 2007 年获批资源节约与环境友好"两型社会"配套改革试验区。2008 年 6 月，长沙市委、市政府印发《长沙大河西先导区建设总体方案》（长发〔2008〕12 号），方案明确提出，

---

① 湖南省知识产权协调领导小组：《2015 年湖南省知识产权保护状况》，《湖南日报》2016 年 4 月 26 日。

"构建全国一流的区域创新体系"，"实施知识产权和技术标准战略，实行专利、商标、版权三合一的知识产权管理体制"。自 2012 年起，长沙市跻身国家首批知识产权示范城市，2014 年 12 月，国务院批复同意支持长沙、株洲、湘潭 3 个国家高新区建设国家自主创新示范区。2015 年 4 月，湖南省召开长株潭国家自主创新示范区建设动员大会；9 月，湖南省委常委会议审议了《长株潭国家自主创新示范区发展规划纲要（2015—2025 年）》《关于建设长株潭国家自主创新示范区的若干政策意见》。

　　世界经济仍处于国际金融危机后的深度调整期，国际规则话语权的争夺日趋激烈，知识产权制度国际化进程加速，知识产权保护状况成为影响国际产业转移的重要因素，基于知识产权的贸易摩擦、经济纠纷将进一步加剧。2015 年 10 月，湖南省人民政府办公厅印发《湖南省对接"一带一路"战略推动优势企业"走出去"实施方案》，指出湖南省企业在"走出去"过程中面临巨大的知识产权国际压力。知识产权制度必将在创新驱动发展和产业转型升级中发挥不可或缺的支撑作用。省委徐守盛书记 2016 年 1 月 24 日就省政协提案做出重要批示，要求"争取更多的知识产权在全省转化为现实生产力"。因此，整合分散在各部门的行政执法力量、统一知识产权执法尺度，实行专利、商标、版权"三合一"管理，无疑是加大知识产权保护力度，提高湖南知识产权行政执法效率的有效途径。建立统一的知识产权行政管理部门，贯彻落实中央要求、加快建设知识产权强国，不仅在于行政资源的节约和效率的提高，也符合知识产权的性质和发展规律，有利于适应各种新兴知识产权权利保护的要求。

表 2 - 7　　湖南省近年关于知识产权及管理体制改革的相关政策

时间	出台的政策
2009 年 2 月	《湖南省知识产权战略实施纲要》（湘政发〔2009〕8 号）提出建立重大经济活动知识产权审议制度和知识产权预警应急机制，政府项目资金将优先向具有自主知识产权和良好产业发展前景的项目或产品倾斜。确定了战略实施的六大专项工程，长株潭城市群知识产权示范工程是其中之一

续表

时间	出台的政策
2010 年 7 月	《湖南省知识产权战略实施纲要专项工程推进计划（2010—2015 年）》（湘政办发〔2010〕39 号）进一步落实《湖南省知识产权战略实施纲要》，推进知识产权战略专项工程建设
2014 年 4 月	省科技厅制定《深化科技体制改革 推进创新型湖南建设的实施意见》（湘科字〔2014〕1 号）从科技项目和经费的管理到技术创新主体的扶持，从创新要素的培育到创新成果的产业化做出规定
2014 年 7 月	湖南省人民政府办公厅《关于进一步加强知识产权保护工作的通知》（湘政办发〔2014〕59 号）要求完善知识产权协同保护机制，完善打击侵权假冒工作长效机制
2015 年 8 月	湖南省财政厅、知识产权局关于印发《湖南省知识产权战略推进专项资金管理办法》的通知（湘财教〔2015〕48 号）。为规范和加强知识产权战略推进专项资金管理，充分发挥财政资金的扶持、引导和激励作用，提高专项资金使用效益
2015 年 9 月	湖南省人民政府办公厅印发《湖南省实施知识产权战略行动计划（2015—2020 年）》的通知（湘政办发〔2015〕73 号）。着重提高知识产权创造水平，增强知识产权运用效果，改善知识产权保护状况，提升知识产权管理能力，审查能力达到国际先进水平，实现国家科技重大专项和科技计划，实现知识产权全过程管理等。提出到 2020 年将湖南建设成为中部地区领先的知识产权省份的奋斗目标

第三章 知识产权管理体制：以知识产权管理体制机制创新为突破口，全力推进"创新型湖南"与长株潭国家自主创新示范区建设

　　湖南具有"敢为人先、勇于担当"的精神，湖南省提出创新型湖南建设，推进科技体制改革，启动了长株潭城市群知识产权示范工程。早在 2012 年，湖南省就出台了《创新型湖南建设纲要》，2014年又出台了《深化科技体制改革　推进创新型湖南建设的实施意见》，2015 年印发《关于进一步加强知识产权保护工作的通知》，明确了创新驱动发展的主要目标和任务，指出要着力营造良好的知识产权法治和社会环境，加强知识产权保护和运用。2016 年，湖南省进一步明确，新一轮起跑线上，要以自主创新引领带动，坚持在发展中促转变，在转变中谋发展。因此，全面提升知识产权管理水平，亟待推进湖南省知识产权行政管理体制改革，实现专利、商标、版权等知识产权统一综合管理，符合世界通行规则，为实现湖南创新驱动发展提供制度支撑与保障。湖南拥有一大批自主创新资源、成果和平台，创新试点也取得巨大成效，但需要进一步夯实已经取得的成果，优化知识产权发展环境，依然受到旧体制的惯性束缚，配套制度建设有待加强。

　　建设服务型政府，提高行政管理效率，遵循知识产权发展规律与适应世界知识产权集中化行政管理趋势，推进知识产权行政管理"三合一"改革，是当前湖南加快内外开放，建设创新型湖南，推进长株潭城市群知识产权示范工程的重要支撑和保障。湖南必须贯彻中央精神，结合具体省情实际，坚持协调、高效、权责一致的原则，从战略

层面确立知识产权行政体制改革目标，选择改革路径。

一 湖南推进改革的有利条件

（一）拥有一大批自主创新资源、成果和平台

湖南省在全国知识产权的综合实力排名约在第 10 位，现在拥有的有效发明专利 2 万多件，湖南每万人口发明的专利数达到 10 多件，而长沙市每万人口专利数达到 17.8 件，达到全国水平的 2—3 倍。长株潭城市群面积只有 2.8 万平方公里，汇集了湖南省 60% 的创新资源，70% 的创新成果，65% 的高新技术产业产值。拥有取得了世界运算速度最快的"天河二号"亿亿次超级计算机、世界大面积亩产最高的超级杂交稻、碳/碳复合刹车材料等多项世界和国内领先的科研成果。在长株潭，海利化工、隆平高科、中冶长天等 39 家科研院所成功改制，近 5 年，转制企业高新技术产品产值年均增速达 35% 以上，专利申请和授权量年均增速超过 40%，成为全省成果产出与转化的重要力量。国防科大成熟的军工技术加快民用。为进一步加快高端国防研发成果本省转化步伐，省政府与国防科大合作，共同组建湖南省产业技术协同创新研究院，积极探索完善以知识产权为纽带、军政企三方共同参与的国防研发成果转化新机制。省政府设立了军民融合创新科技产业基金，启动建设军民融合科技创新产业园。株洲依托中航动力机械研究所和中国南方航空工业集团建设军民融合产业基地。南方宇航非航产业园、中航湖南通用航空发动机产业园等一批军民融合产业园相继建成，探索出军民融合、成果转化的新路径。2015 年由省知识产权信息服务中心、长沙市知识产权局和长沙高新开发区麓谷创业服务有限公司共同发起成立湖南省知识产权局交易中心，该中心由政府引导，市场化运作，服务范围包括知识产权咨询服务、知识产权价值评估、知识产权转让交易、知识产权投融资等。交易中心重点服务地区为长株潭地区，面向全国展开服务，辐射长江经济带，将成为建

设长株潭国家自主创新示范区的"加速器"。

（二）拥有长株潭城市群知识产权示范工程的依托

2009 年《湖南省知识产权战略实施纲要》提出的六大工程，为"两型社会"建设提供了有力的知识产权支撑，启动长株潭城市群知识产权示范工程。2009 年 7 月，长株潭三市人民政府与省知识产权局签订共建知识产权示范城市群合作协议，以建设国家知识产权示范城市群为目标，发挥优势，整合资源，加强合作，全面提高长株潭地区知识产权创造、运用、保护和管理的能力，将长株潭城市群打造成我国知识产权的密集区和知识产权工作的先导区，增强核心竞争力和经济发展后劲。长沙市、湘潭市和株洲市陆续成为国家知识产权工作示范城市。另外，长沙经开区跻身国家知识产权示范园区；宁乡获批国家知识产权强县工程试点县。2014 年，长株潭获批国家自主创新示范区，即通过以地域为基础的授权试验与改革，为湖南省破除体制机制障碍，推行本地的体制改革和制度创新，创造了条件。2016 年湖南获批全国支撑型知识产权强省建设试点省，长株潭三地将发挥示范作用，对一些改革试验举措先行先试。长沙市致力于知识产权管理体制的"二合一"改革已取得较好成效，长沙市知识产权局被国家知识产权局和公安部授予全国知识产权执法保护先进集体称号，被国家知识产权局评为知识产权人才工作先进集体。

（三）拥有与国家知识产权局开展合作的坚强后盾

湖南知识产权多项指标堪称中部翘楚，引起国家知识产权局高度重视，以多项利好措施惠及湖南"科技富矿区"。2007 年国家知识产权局与湖南省建立工作会商机制，充分发挥双方的资源和人才优势，在推进知识产权战略的制定和实施，推进知识产权管理体制和工作机制创新，推进知识产权试点示范工作和公共服务体系建设等方面，全面加强相互合作，共同推进湖南知识产权事业在中部地区率先发展。近年来，国家知识产权局与省政府商定共促长株潭知识产权一体化和产业集群发展；帮助湖南省在轨道交通、工程机械、钢铁有色和生物医药等行业开展主导产品专利信息和技术情报分析、研究，促进湖南优势产业和骨干企业壮大；支持湖南"3＋5 城市经济圈"知识产权试点，把衡阳、益阳列为国家知识产权试点城市，在继续支持国家专利技术（株洲轨道交通）产业化示范基地建设基础上，将湘潭列为国家（机电）专利技术产业化示范基地；公共服务体系建设方面，为湖南提供全开放的信息源、先进检索分析软件、人员培训和技术支撑，指导并帮助湖南省建立重点城市、重点行业和重点企业的专利信息平台和数据库等。长沙强调要以知识产权为核心，在新一轮经济结构调整、产业转型升级中抢占制高点、把握主动权。

二　湖南体制改革的主要"瓶颈"制约

（一）在管理体制方面的"瓶颈"

由于我国自上而下的知识产权多部门管理体制还没有改变，地方知识产权管理体制改革会受到各部门的上级干扰和反对。"三合一"管理实行后，新组建的机构要面对三个"婆婆"，协调难度增大。市级"三合一"管理机构建立以后，区级机构设置也需认真考虑。一些部门囿于狭隘的部门利益，不愿意让出"管理职能"也是一个重要原因。省市县三级工作机构设置不顺，工作体系不健全，不利于专利执法管理的专门化、人才的稳定和事业的可持续发展。缺乏对地方专利行政执法的统一协调和指导，导致各地专利行政执法标准不统一，公信力不足。

（二）在法理依据方面的"瓶颈"

转变政府职能、规范政府行为必须依法行政。但我国的《著作权法》《专利法》和《商标法》对于各自权力行政管理部门的表述不一样。《著作权法》规定："各省、自治区、直辖市人民政府的著作权行政管理部门主管本行政区域的著作权管理工作。"《专利法》规定：

"省、自治区、直辖市人民政府管理专利工作的部门负责本行政区域内的专利管理工作。"这两个法律规定都没有明确著作权和专利权行政管理机构的具体名称，给改革带来了操作空间。但没有明确规定管理专利工作的部门是行政管理部门，这就导致到目前为止还有许多地方专利管理部门是事业单位。《商标法》规定商标的行政管理部门是工商行政管理部门，而不是地方人民政府管理商标的行政管理部门，这就给商标行政管理的部门整合带来一定的法律障碍。

（三）在具体操作层面的"瓶颈"

行政管理体制改革和机构编制管理，涉及权力和利益的再调整再分配，继续深化改革面临的阻力和难度很大。多行政部门整合，会涉及多部门的权力重新划分整合，会涉及多个部门的领导、干部的去留，部分同志会有顾虑。另外，由于国家知识产权局对省级知识产权工作的经费支持不大，财政投入不足，对专利事业的投入、支持力度还不能满足专利制度实施对专利布局、信息利用、人才培养、专利产业化的运用促进及行政执法等工作需要。

三　湖南知识产权管理体制机制改革行动目标

全面贯彻党的十八大和十八届三中全会精神，理顺实施知识产权强国战略的体制机制问题，深化知识产权行政管理体制改革，切实优化知识产权行政职能，整合知识产权行政管理资源，以加强行政执法职能为重点，以提升政府公共服务能力为着力点，形成权责一致、分工合理、决策科学、执行顺畅、监督有力的知识产权行政管理体制。有效发挥市场和政府两方面作用，"破除一切制约创新的思想障碍和制度藩篱"，逐步建立统一的、集中管理的知识产权行政管理机构。

（一）借鉴与推广知识产权行政管理体制改革经验

整合、归并职能相同或相近的部门，以减少机构重叠、职责交叉，增强政府履行职能的能力。逐步构建湖南省知识产权综合管理部门，统一领导和管理知识产权事业，根据需要设立知识产权行政管理协调部门，促进各部门的沟通和协作。

（二） 主动适应知识产权强国建设的新要求

推进知识产权强省建设，严格行政执法、优化公共服务、强化政策支持、提升管理效能，组织制定并实施知识产权发展和保护战略纲要及其年度推进计划以及与知识产权相关的政策措施。

（三） 组织建立健全全省知识产权工作体系

拟定知识产权地方性法规、规章，规范和管理知识产权交易，加强知识产权的国际交流与合作；管理各类知识产权合同，指导和规范知识产权无形资产评估工作，建立知识产权信用担保质押制度；建设知识产权信息公共服务体系，建立知识产权导航预警机制，推动知识产权信息资源的传播利用；建立重大经济活动知识产权审议工作机制；加强对知识产权中介服务机构的监管等。

四　湖南知识产权管理体制机制改革原则

（一） 综合管理、相互协作

适应知识产权管理是一项综合、复杂的系统工程，涉及多个部门、多个层级、多个方面，构建需要设立统一的综合领导机构，合理分配管理权限，避免机构重叠、管理冲突以及条块分割导致的"灰色地带"。构建一个有机统一的、高效的、协调的知识产权行政管理系统，各部门之间建立沟通和协调机制，加强信息交流和相互配合。

（二） 精简建制、高质高效

围绕服务型政府构建，发挥政府战略引领与企业和个人的自主创造并存，制度驱动作用与市场竞争的刺激作用并存。通过知识产权集中管理，实现简化办事流程、提高办事效率、节约行政资源、行政高效运转的目标。精简和规范各管理机构，减少行政层级，因事设岗，降低行政成本，可以有效解决职责交叉、政出多门问题。保障知识产权权利人和相关利害关系人的合法权益，通过建立专利、商标与版权的"一站式"审查与登记窗口服务方式，提高行政办事效率。节约审查资源，加强不同类型审查人员之间的业务交流，提升审查技能。强化激励机制，促进知识创新和技术创新，有利于知识资产的合理利用和效益发挥。提高知识产权行政管理的网络化、信息化和自动化水平，更需要简化管理程序，完善管理政策，创新管理方式，从而节约管理资源，提高管理效率。

（三）分工合理、权责一致、监督有力

适应知识产权管理的系统性和专业性要求，在统筹管理下合理划分管理范围，明确管理职责，各部门各司其职并相互协作。根据依法行政原则，有权必有责，职权和责任需一致，建立公开、透明的行政管理制度，对知识产权行政决策和行政执法等行为监督。明确知识产业各相关机构管理权限和责任，合理分配管理任务，科学制定管理方案和程序，完善各部门协调机制，完善行政执法机制，设立督促有力的监管部门，促进我国知识产权的创造、运用、保护和管理能力。

五　湖南知识产权管理体制机制改革路径选择

知识产权制度是一个社会政策的工具。通过制度配置和政策安排对知识资源的创造、管理、保护以及运用等进行指导和规制，维护知识产权的正义秩序，实施知识产权传播的效益目标。建立常设的知识产权行政管理协调机构，进一步积累经验，逐步构建统一的知识产权行政管理机构。完善知识产权行政管理配套设施，促进知识产权行政管理职能分工进一步明确和细化，提高行政管理部门及其人员的专业

素质和执法水平。完善相应的配套措施，制定知识产权行政组织法，为在统一机关下明确职能分工提供法律依据。加大财政投入以完善硬件系统和通过多种方式培训执法队伍，以提高行政管理部门及其人员的专业素质和执法水平，增强其判断能力，提高行政管理效率，改善保护环境，为知识产权权利人提供更高效的服务和保护。

（一）在长株潭试点，推进知识产权综合管理改革

精简机构、统筹人员，统一执法、优化服务，协调长沙知识产权行政管理改革，优化改革配套政策，推进"三权合一"体制改革创新。促进知识产权管理制度的整体优化，注重知识产权工作的组合与融合的关系，强化知识产权行政管理职能的"融合"。在长沙阶段性改革成果基础上结合其他地区的经验，扩大试点，开展知识产权强县、强区和强企建设，鼓励长株潭"3＋5"城市群国家级产业园区和知识产权示范城市等有条件的地区积极探索知识产权综合管理改革，及时总结经验，上下联动，协调推进，重点推进长株潭地区知识产权综合管理改革试点，提高资源共享，降低管理成本，以期更好地释放改革红利，为新形势下创新驱动发展战略实施和创新型国家建设提供有力支撑。逐步整合现有行政管理资源，建立与国际接轨、适应我国发展需要的统一的知识产权行政管理体制，成立湖南省知识产权综合行政管理部门。

（二）提升管理机构职能，切实加强知识产权保护

全面加强知识产权保护的顶层设计和实施，构建公开公平、诚信透明的市场环境。制订和实施企业知识产权战略推进计划。整合行政资源，加强知识产权行政执法，健全知识产权保护机制，组建省、市、县知识产权综合执法体系，建立跨区域、跨部门执法协作机制，即司法、行政、调解多元纠纷解决机制。加快知识产权维权体系建设，重点加快在高新区、产业集聚区和工业强县组建知识产权维权援助中心。加快建设专利行政执法维权信息系统，逐步推进侵犯专利行政处罚案件信息公开。积极参与社会信用体系建设，将故意侵犯知识

产权行为情况纳入企业和个人信用记录。着力完善知识产权法律法规，推进知识产权行政执法体系建设。

完善知识产权保护协调联动机制，建立与公安、司法等部门在知识产权案件信息沟通、案件移送、调查取证等方面的相互协作，推进诉调对接等工作，在知识产权领域建立人民调解制度。完善知识产权联席会议制度，共享执法信息，建立案件会商制度，加大行政与司法、海关的联动机制，建立高效的行政执法体系。完善知识产权维权的受理、处置机制，建立健全省市县三级知识产权执法队伍，及时开展打击侵犯知识产权的专项行动。健全知识产权维权援助网络，围绕重点产业、会展、电商等流通领域新建一批知识产权快速维权援助中心，重点对企业应对涉外知识产权纠纷提供援助。严厉打击侵权假冒行为，保护创新成果，维护市场秩序，纠正严重侵权假冒行为对创新市场的扭曲，恢复市场机制对创新主体的激励作用。完善海外知识产权信息平台，建立涉外重大知识产权纠纷协调处理机制。

（三）优化运行机制建设，促进知识产权创造运用

强化知识产权局承担起提供知识产权公共服务的职能，弥补知识产权公共服务的第三方非政府组织的不完善、企业知识产权运用管理意识和能力的不足，提供多种知识产权管理服务，包括专利价值评估、专利托管、专利侵权分析等。建立内外开放、高效的知识产权运营平台，培育一批高端和国际化的知识产权服务机构，为市场主体国际化发展提供高水平服务。建立符合技术及其产权发展规律的配套制度，强化与产业政策、科技政策、文化政策整合，规范知识产权服务行业管理，维护公平的市场竞争秩序，改变违反市场规律的政府介入行为，尊重并发挥市场机制在知识产权创新中的作用。营造公开公平、诚信守法的知识产权服务行业市场氛围。

健全知识产权服务体系，建立支撑创新驱动发展的知识产权运行机制（建立健全知识产权评估、交易、转移机制）。搭建知识产权公共服务平台，建立健全促进知识产权转化运用的政策体系，制定激励知识产权创造的公共政策，引导知识产权申请由数量向质量转变，提

高知识产权运用和管理（对重大科技专项和科技计划知识产权管理）的成效。制订知识产权培育计划，围绕知识产权与企业发展、企业知识产权战略及管理、企业商业秘密管理体系、企业专利布局与知识产权运营、知识产权风险管理与纠纷处理以及企业"走出去"知识产权应对策略等专题培训。建立知识产权大数据共享平台，搭建集专利、商标、标准、科技文献、版权等于一体的"五库一平台"知识产权基础信息公共服务平台，为企业和知识产权服务机构提供专业化知识产权信息服务。研究发布重点技术领域专利信息分析报告，避免重复研发、低效研发，推进实施专利导航产品和技术研发，明确技术发展路径，确立创新方式，完善专利布局，提高创新效率，引导企业建立知识产权工程师全程参与创新活动机制，全面提升高新技术企业知识产权综合能力。建立知识产权投融资服务平台，加快多元化的知识产权金融服务市场发展。建立知识产权密集型产业发展机制，把知识产权密集型产业发展水平纳入国民经济发展规划。打造网上"知识产权服务超市"，探索知识产权服务电子商务模式，为企业和中介服务机构架起便捷畅通的服务桥梁。推动县、市（区）搭建各类知识产权公共服务平台，提升公共服务能力。

六　推进湖南知识产权管理体制机制改革的保障措施

　　行政体制改革是深化改革的深水区，改革需要智慧和勇气，把改革纳入政府战略规划，加强组织领导，提升驾驭部门改革的综合能力；加强专业人才队伍建设，提升知识产权行政管理综合能力，提供智力支持。加强建设资金支持，支持知识产权管理机构的配套建设，人才队伍建设，以及为知识产权创造与转化提供财税金融支持。改革是个系统工程，需要通过宣传引导，提高认识，统一思想，强化群众的监督作用。

（一）加强组织领导

充分发挥知识产权在增强经济科技实力和国际竞争力、维护国家利益和经济安全方面的作用，为建设创新型湖南建设提供强有力的支撑，实施知识产权发展战略，完善政策措施，加强知识产权制度建设，强化知识产权管理体系，提高知识产权创造、管理、保护和运用能力，由于存在认识上的偏差与部门利益的局限，必须强化组织领导的重要作用，高效推进知识产权行政管理体制改革与运行机制建设。

一是建立知识产权工作领导小组与知识产权战略制定领导小组，理顺知识产权管理体系，推进知识产权行政管理机构建设，建立健全省市县三级知识产权管理体系，整合市、县（区）执法力量，促进联合开展执法行动。

二是建立和完善由省领导领衔的知识产权部门联席会议制度，加强部门沟通和交流，负责组织协调全省保护知识产权工作，推动知识产权保护工作体系建设，发挥各级联席会议的组织领导、统筹规划、协调管理作用，推进知识产权综合行政管理体制创新，明确、清晰知识产权局与其他政府职能部门的职能分工，特别是知识产权局与科技、文化、工农业、金融等其他政府职能部门有职能上的交叉重合，形成知识产权部门与相关部门的联席会商机制。

三是建立政府知识产权保护工作委员会，建立高层次、权威性的知识产权行政保护工作协调机制，解决行政系统内部有关的执法权责矛盾和纠纷，化解知识产权行政执法主体的争权、弃责、低质量的问题和扯皮打架问题，以利于保护当事人合法权益，推动依法行政，提高行政效率。

四是完善地方行政组织法，建立健全专利、商标和版权等知识产权法规体系。地方政府知识产权行政组织法方面存在的问题，关系到知识产权行政管理体制，而体制问题又是地方政府知识产权行政管理的"瓶颈"。改变知识产权单项立法不能适应知识产权制度的内在规律和发展趋势，不能适应知识产权综合管理。完善配套政策措施，形成与财政、金融、产业等政策相衔接的知识产权政策体系，解决好与系统外部有关要素（如司法保护）配合协调的问题。

（二）加强专业人才队伍建设

科学技术是第一生产力，人才是第一资源。知识产权工作实际需要更多的复合型知识产权人才。其不仅应有一定的理工科背景和扎实的法学基础，还要掌握一定的工商管理和经济学知识、实务技能等。加强知识产权行政保护组织机构和队伍建设，根据新技术革命和市场经济发展提出的客观要求，确保履行知识产权行政保护职能的行政执法机关和专业人员队伍的适当规模。建立知识产权人才培养长效机制，促进知识产权人才集聚，提高专利工作的组织规模、队伍的总体专业素质，解决专利申请、专利无效请求案大量积压。实施知识产权人才建设工程，加强知识产权培训基地建设，制定知识产权人才培养培训基地建设规划，创新知识产权人才培训模式，开展特色知识产权专项培训。

1. 建立知识产权人才培养引进机制

加快建设湖南省知识产权人才储备库，建立健全知识产权专业人才信息网络平台，实施知识产权人才动态管理，推动知识产权人才优化配置。完善知识产权专业人才评价制度，加强知识产权专业人才职称评定工作。鼓励引进高端知识产权人才，支持企事业单位创新人才引进方式，完善薪酬制度，参照有关人才引进计划给予相关待遇，要切实保障执法工作所需的经费、设备等物质技术条件，使知识产权人才引得进、留得住、用得好。在提高队伍专业素质和加强思想作风建设的同时，注意解决执法人员的待遇、保险、退休等实际问题。

2. 加快知识产权人才培养

建设知识产权领军人才、拔尖人才、后备人才梯队，努力把长株潭建成知识产权人才高地。选派一批优秀知识产权专业人员到世界知名大学、研究机构、跨国公司进行交流、访问和培训，造就具有国际视野的知识产权高端人才。大力开展知识产权管理、执法、服务专业人才在职培训，提高业务技能和水平。加强知识产权律师队伍建设，提高知识产权法律服务能力。加大知识产权工程师、知识产权总监培训力度，加快培养高层次企业知识产权人才。建立健全知识产权从业人员上岗培训、在职培训、专业培训等常态化机制。支持各培训基地积极申报国家级知识产权培训基地，开展各类业务培训，邀请了国内资历深厚和经验丰富的业内专家学者授课。组织高层次标准化技术骨干赴美国 ASTM 培训，把知识产权法律知识纳入干警培训课程。完善专家咨询制度，成立省级专业标准化技术委员会。参照其他省市（如河南省、江苏省、广州市），由省知识产权局会同省科技厅、人力资源社会保障厅等五部门联合成立百千万知识产权人才工程工作组，负责选拔知识产权高层次人才培养对象，组织协调人才工程实施中的重大事项。面向行政管理部门、研究机构、大型企业、高等学校培养百名从事知识产权管理和研究，培养百名知识产权高层次人才；面向行政管理部门、研究机构、企业、高等学校、知识产权服务机构培养千名从事知识产权管理、研究、咨询、代理、经纪、评估、信息服务等业务的专业人才；以及面向行政管理部门和广大企事业单位培养万名从事知识产权管理、创造、服务等具体事务的知识产权实用人才，基本建成一支素质优良、结构合理，能基本满足湖南省经济社会发展需要的知识产权人才队伍。

3. 加强知识产权人才培养载体建设

加强知识产权相关学科建设，支持有条件的高等院校在管理学和经济学中增设知识产权专业，开展知识产权学历教育，建设知识产权本科和硕士专业学科。重点支持（湖南省知识产权局和湖南大学联合成立的）"湖南省知识产权教育培训基地"，鼓励高等院校开设知识产权课程，开展系统化、规范化知识产权教育。推动知识产权跨学科的综合教育，提供远程教育，以及开展知识产权普及教育。支持高校院所设立知识产权研究机构，集聚知识产权研究人才，创建湖南省知识产权研究院和品牌研究中心，打造湖南省知识产权智库。

（三）加强建设资金支持

知识产权管理需要有必要的资金投入，这是发展知识产权管理工作的物质基础。加强建设资金支持，解决地方知识产权管理经费不足的问题，补充地方知识产权行政管理经费，支持地方行政执法所需经费以及完善现行发明专利申请资助制度。

（1）加大财政对知识产权工作的投入。支撑知识产权管理机构的配套建设，争取国家加大对地方知识产权局的资金投入力度，充实知识产权工作经费，以专项的形式推进专利行政执法能力建设、知识产权试点示范城市建设、知识产权人才培养、专利技术产业化等，提升知识产权的社会影响力。强化对知识产权创造、运用、保护和管理的考核。

（2）设立完善知识产权专项资金。完善激励知识产权事业发展的政策和举措，注重相关政策的协调配套，省财政安排专利专项资金、品牌建设专项资金、出口品牌发展资金、技术标准战略专项资金等知识产权专项资金，优化专利布局与专利技术转化渠道，改变高校以科研为主，对市场了解有限，使得很多专利成果因找不到合适的转移对象而被闲置；企业因研发实力不足而没有自己的知识产权和专利技术以致丧失了市场竞争力；科技型小微企业虽然有专利，因缺乏资金，使得专利闲置，无法转化为真正的生产力的局面。促进知识产权专项资金项目与自主科技创新、文化产业发展、工业转型升级等专项资金支持的项目形成政策合力和叠加效应，更好地发挥政策引导作用。

（3）各市（县）、区将知识产权专项列入财政预算，建立稳定的财政投入保障机制。

（四）加强宣传引导

知识产权行政机关应当加强在宣传普及上的力度，贯彻落实《国务院关于新形势下加快知识产权强国建设的若干意见》《深入实施国家知识产权战略行动计划（2014—2020 年）》《中共中央国务院关于深化体制机制改革　加快实施创新驱动发展战略的若干意见》等，利用多种媒介、开设专题专栏专刊深度宣传知识产权和典型案例，修订知识产权工作政策，引导提升知识产权的质量、价值和效益，向社会公众开展知识产权宣传周、宣传日活动，提高公众知识产权意识，营造尊重创新、崇尚创新的知识产权文化环境，通过宣传培训，提高公众运用知识产权制度的能力。宣传国家知识产权法律法规和基本知识，着重宣传知识产权各领域的专业知识，把宣传普及提升到传播以"尊重知识，崇尚创新，诚信守法"为核心理念的知识产权文化层面，增强全社会知识产权意识。宣传各级党委政府加强知识产权保护的重大决策部署与提升知识产权质量的政策和举措，着重宣传全国各地区、各部门在制定法律法规、打击侵权假冒等加强知识产权保护方面采取的行动和取得的突出成果。宣传重大知识产权成果、典型创新人物、知识产权密集型企业，挖掘报道在提高知识产权创造质量、运用效益、保护效果、管理能力和服务水平方面的典型案例，引导全社会更加注重知识产权质量、价值和效益，提高知识产权维权意识和创新能力，让企业制定维权经营管理战略。

加强产权管理部门内部宣传统一认识，强化对知识产权行政管理体制问题的认识，明确集中统一的知识产权管理模式是有效降低综合行政成本与执法成本的根本途径。在知识产权保护方面，世界上大多数国家由以法院为主转向知识产权权利人提供公力救济，降低权利人的维权成本。必须增强知识产权管理部门的行政能力，健全知识产权行政执法的程序、责任和救济制度、知识产权行政管理体制内部各部门之间协调与否直接影响到知识产权管理的效率高低，知识产权资源的优化利用程度以及知识产权事业的发展步伐。加快知识产权行政管理体制改革，理顺知识产权行政管理和保护体系，既是转变政府职能、加强市场监管的需要，也是提升企事业单位等市场主体竞争力的需要。

第四章　知识产权保护：新形势下新型工业化专利保护及产业化推进

　　2013 年 5 月 6 日至 17 日，我们就全省推进新型工业化及工业知识产权保护情况开展了专题调研。先后到郴州、岳阳、益阳、长沙、娄底等市，与市县政府有关部门和部分企业负责人座谈，并深入部分园区、企业进行实地调研。同时，对 14 个市州、6 个省直部门、10 个重点工业县、33 个省级以上园区、45 家企业的上报材料进行了认真分析，并对 2010 年以来英、美、日等 5 个国家、17 个省份、20 个省外地市、13 个省外开发区的工业相关政策，与湖南已有的工业政策进行了深度比较。我们认为，目前湖南工业运行企稳向好，但基础亟待巩固；下一阶段工业发展面临不少的困难与压力；必须更好地实施扩内需、调结构与稳增长相结合的政策措施。2013 年第一季度，湖南规模工业增加值增速为 10.6%，比上年同期与全年分别回落 6.4 个和 4.7 个百分点，为近年来同期最低水平。与中部六省相比，湖南最低，落后安徽、江西、河南、山西、湖北各省分别为 4.6 个、1.9 个、0.5 个、0.3 个、0.2 个百分点。

　　总体来看，湖南工业经济形势依然严峻，还面临一些突出问题，工业生产经营仍处于最困难时期。其中，自主创新能力不足是当前工业发展遇到的最大的困难。国际金融危机爆发后，中国巨大的市场空间和丰富的技术人才，成为跨国公司在华的重要战略目标。根据国务院发展研究中心对外经济研究部对在华公司开展的问卷调查，31% 的问卷企业回答表示，将在华开展研发活动。而作为拥有 7174 万人口与内陆前沿地缘优势的新兴工业大省，必然对全球高端产业活动与高端生产要素产生前所未有的吸引力。一方面跨国企业吸引湖南本地的资源要素，形成资源垄断，抢占技术的制高点；另一方面跨国企业利用低成本所生产的产品在本地销售，进一步抢占本地市场，挤占本土企业的生存空间。湖南的企业若不能充分在技术上进行革新，抢占产业链的上游，打开下游终端消费市场，形成有号召力、有品牌影响力的产品，势必在与跨国企业的竞争中逐渐被吞并。本次调研过程中我们发现，一些无自主品牌、无自主设计、无核心技术的"三无"代工企业受到了巨大的冲击。相反，一批自主创新能力强，拥有自主品牌和核心知识产权的企业，却逆势上扬，如3D打印、长泰机器人、远大住工等企业，表现出较强的抗风险能力和发展势头。

专利保护是鼓励R&D投资与创新、促进国际技术转移的基本保证，对提升中国的核心竞争力，促进可持续发展具有极其重要的意义。在经济和技术全球化的趋势下，知识产权逐渐成为一国竞争优势的核心基础，知识产权保护与提高地区核心竞争力的关系也成为经济学家关注的前沿和热点问题。因此，制定和实施专利保护及产业化推进政策和战略，已成为湖南能否克服短期技术困境、提高创新能力、促进经济长期增长的关键因素。本书立足于新形势下湖南工业化面临的困境及发展的实际，对实施专利保护与推进产业化的关系，知识产权与重点产业振兴，提升核心竞争力的知识产权政策研究，知识产权与核心竞争力评价指标体系等进行实证研究。将在广泛开展专家研讨的基础上，致力于对湖南知识产权的整体情况，通过量化数据分析，对知识产权在省委省政府的经济社会发展和"两个率先""两个加快"中发挥的重要作用进行系统研究和论证。新型工业化发展的关键是科技创新，知识产权制度是促进和保护科技创新的根本制度。因此，推进新型工业化，没有知识产权制度的保障，就会失去话语权。特别是对于新型工业化的主体——企业而言，知识产权是其核心竞争力所在，企业只有加大自主研发力度，形成具有核心竞争力的知识产权体系，才能确保竞争优势，在新型工业化建设中焕发强大的生命力，在激烈的市场竞争中立于不败之地。

2015年，湖南法院实行了严格的知识产权保护政策，充分发挥司法保护的主导作用，在加大侵权赔偿力度、完善快速维权机制、充分适用新的证据制度等方面进行积极探索，共受理知识产权案件 3675 件，审结 2465 件。其中，受理知识产权民事一审案件 2882 件，同比增长 35.4%；民事二审案件 193 件，同比增长 34.2%。全省法院全年调解和撤诉知识产权案件 1130 件，调撤率达到 45.84%。充分实现了智力成果的市场价值，达到帮助权利人创造营利的目的。湖南法院深入推进民事、行政、刑事审判的"三合一"机制、诉调对接等机制建设，有利于统一裁判标准，进一步提升知识产权案件司法保护的专业性。

一　湖南新型工业化及专利发展与保护状况分析

湖南省深入实施国家知识产权战略，注重知识产权顶层设计，加强知识产权创造、运用、保护、管理和服务，积极营造良好的知识产权发展环境，为创新型湖南建设提供了有力支撑。湖南省已向国家知识产权局申报支撑型知识产权强省建设试点，提出到 2020 年将湖南建设成为中部地区领先的知识产权省份的奋斗目标。湖南省知识产权局成立了中部地区首个知识产权交易中心。稳步推进打击侵权假冒工作。在全国率先出台《湖南省打击侵犯知识产权和制售假冒伪劣商品工作重大案件督办制度》，不断提升执法保护和维权援助效能。省新闻出版广电局联合省网信办、省通信管理局、省公安厅制定打击侵犯网络著作权违法犯罪的联动合作机制。省知识产权局加快完善省、市、县三级联合执法机制，积极探索异地协同调查取证工作机制。知识产权维权援助与举报投诉热线 12330 全省覆盖，全省实现一号接通。为大力培育知识产权高端人才，省知识产权局加强了中南大学知识产权研究院、湘潭大学知识产权学院、湖南大学国家知识产权（湖南）培训基地建设和远程教育平台建设。组建知识产权专家顾问团队，赴国外开展知识产权保护培训，组织赴德国、瑞典、日本等地开展知识产权运营培训。

（一）湖南新型工业化及其知识产权特征

"新型工业化道路"这个概念是在 2002 年 11 月中共十六大提出的。党的十六大报告指出，坚持以信息化带动工业化，以工业化促进信息化，走出一条科技含量高、经济效益好、资源消耗低、环境污染少、人力资源优势得到充分发挥的新型工业化路子。它是特指中国特色的工业化道路，并不是指其他任何一个国家。工业化是由农业经济转向工业经济的一个自然历史过程，存在着一般的规律性，但在不同体制下，在工业化的不同阶段可以有不同的发展道路和模式。

虽然早已迈入信息化时代，同国内大多数地区一样，湖南仍然存在着明显的二元经济结构。当前的国际形势和国内条件，决定了湖南必须完成发达国家和地区一二百年前早已完成的工业化历史任务，也决定了湖南工业化必将是一条与传统工业化全然不同的新型工业化道路。和平与发展的世界主题给我国提供了"和平崛起"的伟大历史机遇，坚定不移地走十六大提出的新型工业化道路，既是基于对这次历史机遇的深刻认识，也是湖南将来一个较长时期内把这一历史机遇付诸实践的发展路径。

改革开放三十多年来，湖南一直处于从传统计划经济向社会主义市场经济转轨、从二元经济向现代经济转轨的漫长转型过程中。前一转轨，是经济体制的改革，后一转轨乃经济结构的转变。历史表明，要把二元经济结构改变为现代经济结构，就必须走工业化道路，大大提高第二、第三产业在社会生产结构中所占比重，大大降低第一产业所占比重；特别是要改变就业结构，要大大降低第一产业所占比重，通过工业化和与此相联系的城市化进程，把大批农村剩余劳动力转移到第二、第三产业中去，变"农民"为"市民"。世界历史表明，这是一个农业大省转型为工业强省需要经过上百年甚至更长时间才能完成的历史性任务。

近半个世纪，湖南一直在为实现工业化奋斗，工业化虽取得了举世瞩目的伟大成就，统计表明，1961—2001 年，全省第一产业在社会商品生产增加值总额中的比重从 36.16% 降到 15.23%，第二产业的比重却从 31.88% 增到 51.15%；第一产业从业者在就业结构中的比重从 77.17% 降到 50.00%，而第二产业从业者的比重却从 11.16% 增到 22.3%。在 2011 年第一产业占比 13.9%；第二产业占比 47.5%。但湖南仍处在从二元经济向现代化经济转变过程中。根据联合国工业发展组织和世界银行的研究，第二产业在社会商品生产增值总额中的比重在 40%—60% 者为半工业化，湖南目前应属于半工业化地区。城乡二元经济结构短期内难以彻底改善，占全省劳动力总额将近 70% 的农民，仅创造 15.23% 的商品性财富。显然，城市化是改变二元经济的根本出路，就是靠发展制造、基础产业、服务业以及其他非农产业，把大量剩余劳动力从农业、农村中转移出来。二元经济结构的历史和现实，决定了发展工业化无疑是湖南通往现代化的必由之路，我们无法超越工业化的历史阶段。然而，当前经济全球化和信息化的国际环境，又使湖南姗姗来迟的工业化道路具有与传统工业化不同的新特征，即具有巨大的后发优势，可使我们以更快的速度、更短的时间、更高的质量完成工业化历史使命。

湖南的新型工业化既具有国际与国内的普遍性特征，又由于资源和发展潜能的不同，而具有自己独有的特征。

1. 技术特征：工业化与信息化相结合

纵观历史发展，任何一个地区的工业化进程都与时代密切相关，成功的工业化都是吸收和应用当时的先进的知识产权及其技术成果的产物。面对工业化、信息化和现代化的多重挑战，湖南新型工业化的时代特征和技术特征就表现在与信息化等现代新科技发展紧密结合，以信息化带动工业化，以工业化促进信息化。从工业化和信息化的关系来讲，工业化是信息化的物质基础，信息化是工业化的提升动力。信息化是在工业化高度发展的基础上产生的，而信息化一旦出现和发展起来，便会反过来改造传统工业领域，成为提升工业化水平的巨大力量。而联系两者的纽带正是知识产权。湖南的新型工业化通过和信息化在时空上合二为一，通过知识产权带来加速力，加快缩小湖南与工业发达国家"物质鸿沟""数字鸿沟"及其背后的知识产权鸿沟，加速湖南省的工业化进程。

2. 经济特征：集约发展

传统工业化以粗放型、外延型的经济增长方式为基础，以追求数量、规模、速度、产值等为目的，通过大量投入资金、物资和劳动等生产要素来扩张规模，发展工业，而不顾经济增长的质量、效益和效率，而发展质量、效益和效率的背后正是知识产权的作用。正因如此，过去的工业道路往往是"有增长无发展"，工业化的成效并不理想。湖南新型工业化的经济特征就体现在集约型、内涵型的经济发展方式，通过不断发展和创造真正属于自己的知识产权，以知识产权推进生产技术的不断进步和产品质量日益提高，谋求经济增长质量、经济效率和经济效益的提高。

3. 结构特征：优化升级

工业化过程中的经济发展总是以结构的迅速转换为基础，湖南乃至全国新型工业化的一个重要特征是经济结构的优化升级。同时，经济结构的优化升级又遵循着自身的规律性。从产业结构和就业结构来讲，农业产值比重和就业人口比重会进一步下降，第二产业的产值比重和就业比重先升后降，第三产业的比重则会持续增加，这种增加将是湖南新型工业化进程中的一个基本趋势。因此，湖南的新型工业化将是加速服务业快速发展，三大产业协同发展，产业结构和就业结构不断得以优化升级的工业化。从城乡结构来讲，其结构的优化升级表现为从二元经济结构向一元经济结构转化。目前的二元经济结构以及"三农"问题成为湖南省新型工业化需要重点突破的堡垒。湖南的新型工业化应是消除城乡二元结构，实现城乡一体化的过程。这个过程表现为城市化进程加速，城市与农村在劳动力、资本、技术等生产要素的统一，农业人口大规模转移，"三农"问题方能得到根本解决。

4. 资源特征：可持续利用

工业化发展过程就是资源的开发利用过程，资源的充分利用是工业化发展的前提条件，没有资源的保障就不可能有工业化的健康发展。面对资源短缺的难题，新型工业化提出了资源可持续利用的要求。对于资源可持续利用问题，我国在 2005 年 10 月党的十六届五中全会上提出了建设资源节约型、环境友好型社会的目标。党的十七大报告进一步指出，坚持节约资源和保护环境的基本国策，关系人民群众切身利益和中华民族的生存发展。必须把建设资源节约型社会、环境友好型社会放在工业化、现代化发展战略的突出位置。湖南要实现资源的可持续利用，出路在于依靠科技进一步发展，推进高科技知识产权工作不断迈上新台阶，发展低碳经济，促进生态文明，以形成科学合理的能源资源利用体系，提高能源资源利用效率。循环经济以减量化、再利用和资源化为原则，以提高资源利用率为核心，关键也在于以知识产权为助推，发展循环经济技术，以资源节约、资源综合利用、清洁生产为重点，通过调整结构、技术进步和加强管理等措施，大幅度减少资源消耗、降低废物排放，提高劳动生产力。

（二）新型工业化、自主创新与知识产权

新型工业化、自主创新与知识产权三个概念，并不是各自分离的，而是紧密相连的，并且随着科学技术的发展，三者之间的关系会进一步密切。因此，三者中，新型工业化是发展方向，自主创新是发展动力，而知识产权则是重要保障。

1. 依靠自主创新发展知识产权是新型工业化的核心动力

从经济发展角度来看，湖南新型工业化的实现要基于以知识产权为载体的科学技术的创新和广泛应用。以知识产权的创造为标志，伴随着科学技术的创新和突破，一系列生产要素的组合方式向更高层面发展，产业结构在不断优化的过程中彰显升级趋向，呈现以高新技术为先导，以基础设施、基础工业、制造业为支撑，与工业化发展相适应的现代服务业，特别是生产性服务业以超越工业发展速度迅猛发展的趋势，形成无论是技术或是服务都迅速向农业延伸和渗透的格局。新工艺的发明，新能源、新材料的发现和应用，新产品的开发成功，技术和效率的提高成为经济增长的主要源泉，技术进步成为新型工业化发展的内在动力。有资料表明，技术进步对经济增长的贡献20世纪初为10%—15%、中期为40%、70年代上升到60%，目前为80%。因此可以说，新型工业化本身也被誉为知识效益型、专利技术型、环保创新型复合经济发展战略模式。

2. 制约湖南新型工业化建设的关键因素是缺乏自主创新能力

目前，湖南乃至全国各地的企业普遍缺乏拥有完全知识产权的自主创新技术。一直以来，湖南没有真正重视技术研究，自主创新开发投入方面严重不足，制约着其产业技术创新的进步。与国外比，我国大型工业企业技术开发经费仅占其产品销售额的 1.2%，而这一比例发达国家超过 3%，而技术密集型的高新技术企业均达到 10% 以上。美国和日本等创新型国家，其科技进步在经济增长中的贡献率在 70% 以上，对外技术依存度在 30% 以下。而湖南技术进步在经济增长中的贡献率只有 39%。中国对外技术依存度则高达 50%，大型设备基本上依靠进口。更为残酷的是湖南企业普遍缺乏自主知识产权的核心技术，广交会向来是国内工业发展的一个窗口，而据统计，在 2010 年广州交易会上，省内企业生产的贴牌商品占 40%，无牌商品占 21%，仅有 21% 的产品拥有自主品牌。也正是因为自主创新能力较低，传统产业技术比国际先进水平落后将近 20 年，这都成为制约湖南新型工业化发展的技术性因素。

3. 推动自主创新，建设创新型湖南的核心在于拥有知识产权

要建设创新型湖南，必须大力提高自主创新能力；要自主创新，必须拥有更多的自主知识产权。这样一个相辅相成、相互依存、相互作用的统一体，早已成为国际社会的共识。正因如此，温家宝曾在全国科技奖励大会上的讲话中特别强调："真正的核心技术是钱买不来的，只有拥有了重大的科技创新能力，拥有自主知识产权才能提高我国的国际竞争力，才能享有受人尊重的国际地位和尊严。"

拥有更多的自主知识产权与推动和保障自主创新，具有天然的联系。从某种意义上说，不掌握自主知识产权，不占有自主品牌，就谈不上真正的自主创新，离开了自主知识产权和自主品牌，自主创新就是无源之水、无本之木。以商标价值名列第一的美国可口可乐公司品牌为例，其价值近七百亿美元，相当于五千六百亿元人民币，即相当于湖南省 2004 年全省的国民生产总值，相当于湖南省六千多万人干一年的价值，可见知识产权的价值有多大。当年美国人在可口可乐上的创新无疑很重要，而后来的知识产权和品牌更加重要。

毫无疑问，知识产权是自主创新的基础，是自主创新的衡量指标，也是参与市场竞争的重要手段。因为自主创新必定要落实到产品上，并最终推向市场。在创新的全过程中，知识产权扮演着一个非常重要的先导角色。创新失去了先导，就难以实现既定的目标。

（三）湖南新型工业化建设面临的困境

湖南走新型工业化道路虽然具有很多独特的优势，但是仍然存在很多困难。现有工业化水平还落后于很多省份，甚至落后于全国平均水平。这些困境固然与经济社会发展的阶段和湖南的产业结构、资源、人力资源等诸多因素有关，但最重要的仍然是自主创新的不足，对知识产权的保护力度不够导致创新能力的不足。

（1）工业化发展滞后。2010 年湖南工业增加值占 GDP 比重比全国平均水平低 7.8 个百分点，工业增加值居全国第 13 位，规模工业增加值居第 15 位，排位仍然靠后。2010 年第一产业占 GDP 的比重为 21.8%，全国为 9.8%；第二产业的比重为 47.7%，全国为 58.7%。湖南第一产业的比重比全国平均水平高出 12 个百分点，而同期湖南人均 GDP 是 11071 元，全国人均 GDP 是 15930 元。而在 2011 年，湖南工业总产值占全国平均 GDP 的 1.74%，占第一产业的 16.94%、第二产业的 3.66%，湖南 GDP 为 19635.19 亿元，全国 GDP 为 471564 亿元。由此可知，湖南是农业大省，其第一产业比重高出全国平均水平不是农业产值太多，而是工业化发展相对滞后造成的。与此同时，工业投入不足。2009—2010 年，湖南工业投资占全社会固定资产投资的比重为 36.1%，比工业增加值占全省 GDP 的比重低 5.9 个百分点；工业投资率（工业投资/工业增加值）为 38.5%，比全部投资率（全社会投资/GDP）低 6.5 个百分点。2009 年湖南经济总量位居中部六省第三，但工业投资总量居河南、湖北、安徽、山西之后，列第 5 位，增速居河南（49.4%）、安徽（48.5%）、江西（45.8%）之后，列第 4 位。

（2）增长方式粗放。湖南工业产品构成中原材料、资源初加工型产品多，高附加值、高技术含量产品少。全省规模工业企业中，高耗能企业所占比例近60%，高新技术产品仅占工业增加值的20%左右；外贸依存度不到8%，低于全国60%的平均水平。高物耗、高能耗、高污染的重化工型传统产业在湖南仍占主导地位，2011年每万元GDP能耗和每万元工业增加值电耗分别比全国平均水平高13个百分点和7个百分点，每万元工业增加值取水量比全国平均水平高出71%。增长方式粗放，高消耗、低效益，节能降耗减排的任务非常艰巨。

（3）产业结构偏离度严重失衡。产业结构偏离度是当前测度产业结构效益的一种有效的、较直接的方法，其含义为劳动力结构与产值结构之间的一种不对称状态。其计算公式如下：

$$P = \sum |L_i - C_i|$$

其中，L代表劳动力结构，C代表产值结构。如果国民经济各产业都是开放的，产业间没有行政壁垒，即呈完全竞争状态，那么通过市场对劳动力资源的重新配置，会使各产业的生产率逐步趋于一致，各产业的结构偏离度也就逐步趋于零。结构偏离度大于零（正偏离），也即该产业的就业比重大于增加值比重，意味着该产业的劳动生产率较低。反之，负偏离则意味着该产业的劳动生产率较高。从另一个角度来说，结构正偏离的产业存在劳动力转出的可能性；相反，结构负偏离的产业则存在劳动力转入的可能性。

从表4－1和表4－2可以看出湖南的第一产业劳动生产率明显低于第二产业和第三产业，产业结构偏离程度高过同期全国平均水平，因此产业结构偏离度严重失衡，劳动力结构调整工作任务艰巨。

表4－1　　　　2009—2011年湖南省产业结构偏离度情况　　　单位：%

年份	第一产业偏离度	第二产业偏离度	第三产业偏离度	总偏离度
2009	38.3	−23.2	−15.1	76.6
2010	34.6	−23.6	−11.1	69.3
2011	34.2	−22.4	−11.6	68

资料来源：根据湖南历年统计公报整理。

表 4 – 2　　　　　2009—2011 年全国产业结构偏离度情况　　　　单位:%

年份	第一产业偏离度	第二产业偏离度	第三产业偏离度	总偏离度
2009	36. 5	– 24. 5	– 12. 1	73
2010	33. 8	– 23. 7	– 10. 1	67. 6
2011	32. 2	– 23. 7	– 8. 6	64. 4

资料来源:根据国家历年统计公报整理。

（4）创新产业化水平低，企业研发投入不足。湖南高新技术产业发展与我国发达地区相比还处于较低的水平。"十五"以来，湖南科技成果产出多、技术水平高，但有许多高技术成果还处于"待转化期"，科技成果资源优势未能有效地转化为产业优势，技术创新的能量没有被充分释放。但近年来我国高新技术产业增加值 2888. 21 亿元，占工业总产值的 35. 73%。以 2009 年为例，高等院校 70% 的科研成果没有得到有效转化。据调查，就高技术而言，湖南省比广东省具有明显的优势，但高技术产业发展速度与水平却明显落后于广东省。1998 年以来，湖南高技术产业增长速度始终处于"低位"水平，高技术产业占工业总产值的比重，广东省保持持续增长的态势，在 2009 年达到 32. 5%，而湖南却停留在 9. 5% 以下。这说明湖南科技发展与高新技术产业发展存在脱节，高新技术产业化处于较低的水平。到 2009 年，高新技术产业总产值仍落后于中部地区的湖北、江西。高新技术产业化指数仅为北京的 1/3，上海的 1/2。

湖南企业研发投入严重不足。据统计，"十五"期间湖南企业研发投入仅占销售收入的 0. 5%，低于 1. 2% 的全国平均水平。研发投入占销售收入比重超过 5% 的企业只有 2. 9%，2%—5% 的只有 6. 25%，1%—2% 的只有 5. 56%，0—1% 的有 19. 97%，从未做过研发活动的占 65. 3%。2011 年，长沙、株洲、湘潭、衡阳、岳阳五个城市 106 家过亿元高新技术企业研发总投入占销售总收入比例为 0. 71%；共有 2013 家工矿企业申请 15808 件专利，占全省专利申请总量的 53. 56%，均低于 5% 的省高新技术企业认定标准。2004 年研发投入占销售收入的比例达到 5% 的企业有 41 家，仅占调查企业的

38.7%。研发投入普遍偏低，严重制约着这批骨干高新技术企业继续做大做强。2006年规模工业企业研发投入占销售收入比例只有0.7%，与全国1.3%的平均水平相去甚远；企业申请专利量和授权量占全省的总量分别为21.5%和25.1%，低于全国平均水平。

（5）人力资源结构不合理，就业压力大。湖南劳动力资源丰富，其实也隐含了人多地少、富余劳动力多的一个事实。目前，湖南正面临着劳动适龄人口增长高峰时期，劳动力的供需受到多种矛盾的困扰，就业压力极大。2010年湖南总人口6700余万，劳动力总量接近5200万，此后几年，城镇每年将有100余万新生劳动力、农村有近1000万富余劳动力处于隐性失业需转移就业。而同期湖南GDP每增长一个百分点，只能增加近10万个就业岗位，按照湖南年均10%的经济增速测算，平均每年只能增加100万个岗位。同时，大学生、失地农民等群体的就业问题交织在一起，大龄就业困难对象、独立工矿区、林区、边远地区、城镇零就业家庭再就业已经成为行业性、区域性、群体性的社会难题。

在2010年总人口中，受过小学教育的人口比重为31.40%；受过初中和高中教育的人口比重分别为36.80%和12.90%；受过大专以上教育的人口比重为3.80%。从人口受教育程度的结构看，受过高中以上教育的人口比重还很低，只占16.7%，比全国平均水平低1.8个百分点。特别是受过大专以上教育的人口比重更低，远低于发达国家的水平。湖南科技人才总量在全国有一定优势，但分布不合理，绝大部分集中在高校、科研院所，真正在企业从事研发活动的科技人才不到7%。企业普遍缺少高水平的创新型人才。湖南研发人员数占制造业就业人数的比重仅为1.29%，低于全国水平。此外，制造业还缺乏熟练的专业技术工人。据有关调查显示，湖南省高级技师、技师占企业技术工人实际在岗人数的比重分别仅为0.5%和3%，还有23.6%的技术工人只有初中及以下文化程度，高素质技术工人比重低，技师、高级技师严重匮乏。人才紧缺势必影响企业的长远发展和湖南工业化进程。

（6）产业集群发展水平不高，产业集中度低。产业集群是地区工业经济发展到一定阶段的必然趋势。如今的市场竞争已经由单纯的价格竞争演变成了产业链、供应链、价值链等非价格因素的竞争，顺应这种竞争的基本经济组织形式就是产业集群。多国工业化的经验表明，中小企业的集群化程度越高，竞争力则越强。湖南省工业企业由于过去片面追求"大而全""小而全"，专业化协作水平低，没有形成合理的分工协作关系。除烟草、钢铁、工程机械、石油化工等行业外，湖南大部分行业企业规模过小，产业集中度、关联度低，企业间相互协作配套不够，产业集群规模小。

2008—2010 年，湖南除造纸及纸制品业、烟草加工业、化学原料及化学制品制造业等 11 个行业的行业集中度（指某行业排名前 4 位的企业产品销售收入之和占所在行业的比重）上升外，其余的行业集中度都呈下降趋势。有 60% 的行业集中度在 40% 以下。资金和技术投入分散，资产负债率高，在生产、市场、研究与开发等方面难以形成规模经济的优势，难以形成竞争力强大的大企业、大集团。随着东部地区产业升级，不少工厂"北移"。但因为湖南产业集群发展水平不高、配套不完善，导致物流成本高，削减了湖南对劳动密集型企业的吸引力。

（7）资源禀赋的劣势。首先，湖南位于丘陵地带，因此交通一直是经济发展的"短板"。湖南在装备制造、钢铁、新材料等产业有一些有竞争力的企业，这些产业的交通成本占比相对较高，湖南要使这些产业的规模持续扩大以形成集群，需要其他方面的优势，以弥补运输方面的劣势。其次，湖南一般性资源多，战略性资源少；小储量的资源多，大储量的资源少。以能源为例，对经济发展起主要支撑作用的煤、油、气、电四大能源，湖南都极为缺乏。油和气资源几乎完全靠外省调入。工业化的快速推进，必然带动能源消费的大幅增长。2010 年湖南省煤炭总消耗量达 7600 万吨；2011 年，湖南省煤炭需求继续保持旺盛的增长势头。最后，供需缺口日益增大，仍以煤炭为例，与上述巨大的需求相比，2010 年湖南省煤炭总产量只有 5000 万吨，随着湖南煤炭行业关闭整合工作的完成，2011 年煤炭总产量将趋于下行。这与湖南省工业发展旺盛，对煤炭需求大幅度增加的势头不相适应。近两年来，湖南省能源供应一直紧张，在一定程度上影响了湖南工业化的进程。

二　湖南新型工业化发展迫切需要知识产权支撑

拥有自主知识产权，企业才有发言权。加速推进新型工业化，务必加大自主创新力度，为企业争夺话语权。知识产权既是自主创新的重要目标，也是自主创新的重要环节。加强知识产权工作，既是增强自主创新能力、建设创新型湖南的必然要求，也是推进新型工业化、率先建成小康社会的迫切需要。

（一）工业产权是推动"转方式，调结构"的核心驱动力

工业产权是个人、企业等对工商业、农业、采掘业等产业领域里创造性智力活动成果依法享有的专有权利，其核心是由于自身发明创造所产生的专利权、在产品上使用标志的商标专用权以及产地标记、服务标记、厂商名称、原产地名称等专用权和反不正当竞争的权利。高技术企业工业产权类资产的日益增加和对工业产权的日益重视，对以一定产权界定智力成果的工业产权制度提出了新的、更高的要求。

新型工业化应该具有科技含量高、资源消耗低、环境污染少、人力资源得到充分发挥的优势，而且效益好，在新型工业化面前，必须要提高自主创新的能力，促进拥有自主知识产权的高新科技产业更快发展，加快高污染、高消耗资源型的产业与企业调整和升级。特别是面对眼下的金融危机，注重创新，加强知识产权工作是促进产业调整、转危为"机"的良好时机。

1. 工业产权提高企业发明创造的积极性

知识产权制度的实质是"给天才之火添加利益之油"，知识产权特别是工业产权的独占性为科技进步提供了强大的动力机制，这种排他性的所有权为创新提供的高额物质回报，有利于充分调动创新人和

投资者的积极性，是激励知识和技术创新的源泉和动力。美国著名经济学家曼斯菲尔德作过一项研究，如果没有专利制度保护，人类目前拥有的 60% 的新药就不可能发明出来，80% 的工业设计就会"胎死腹中"。由此可见人类社会的生产和生活日新月异的背后是工业产权为创新提供有效、持久的强大动力。美国专利教育因此从娃娃抓起，其专利商标局网站上专门辟出了"孩子网页"栏目。工业产权促进创新成果的市场化。工业产权制度从本质上讲是市场经济的产物，推进了工业产权走向市场，促进产权合理流动。正是受益于工业产权市场化，中国通过购买引进国外成熟的高铁技术，并在此基础上消化吸收再创新，才创造了高铁速度"世界第一"的中国奇迹，用 4 年走完了西方国家 40 年才走完的技术创新道路。

— 2. 工业产权制度提高企业研发效率

首先，通过界定保护工业产权，肯定和鼓励创造，形成内生激励机制，使得发明创造由自发变成自觉，科研的动力更足、更强劲，改变了科研和经济社会相互独立、脱节的现象；改变了科学技术研究主体仅为个别爱好者、理想家，由个人爱好偶然发现事物规律来认识自然和社会，依靠个人的零散智慧、火花与灵感的局面。[①] 主体变成创新研发团队，流水线般地加强科研攻关和研究，科研自觉性大大增强，科研效率大大提高。其次，使科研紧跟市场需求，紧密围绕生产和实践来开展，从而能更快地转化为现实生产力。企业管理人员先通过市场分析来熟悉市场需求，然后制定战略，研发人员在这些战略的指导下，在研发实验室从事有的放矢的研发工作，知识和技术创新摆脱"盲目"，直接"瞄准"市场和需求，提高了研发成果的市场价值和社会价值。

3. 工业产权改变企业的竞争策略与模式

随着工业产权的出现，市场竞争进一步加剧，竞争手段更加多变，竞争形式更为丰富。在新竞争形势下，企业不仅仅强调进行知识和技术创新，更重要的是，几乎任何的技术创新都必须借助包裹工业

[①] 董涛：《国家"知识产权战略"与中国经济发展》，《科学学研究》2009 年第 5 期。

产权"外衣"来对市场进行分割，阻碍他人进入，从而独占市场。国际贸易也是如此，工业产权壁垒已经成为发达国家掠夺发展中国家的一个重要手段，美国构筑的"工业产权对华封锁线"一直以来都是中美贸易摩擦的重要因素。这一特征不仅在专利中存在，而且在商业标识中也同样存在。商标、地理标志等仅仅是一个符号，本身并不包含太多的实体内容，完全依靠权利的形式来排斥其他竞争者，对市场进行分割。今天，许多企业的技术研发路线上布满了专利丛林；拥有大量专利的公司往往在竞争中获得先机；出现了一批并不从事技术研发，但专门申请专利，通过专利讹诈获取市场利益的公司；工业产权与市场准入标准相结合，成为新的贸易保护工具；出现了工业产权纳入技术标准、构建专利池等新型的竞争形式。在新研发模式和竞争形式的作用下，工业产权的重要性从推动技术变革进入社会生产不可缺少的媒介机制，发展成为关乎一国企业在市场竞争生死存亡的重要武器。

（二）工业产权是工业经济转方式、优化结构的首要推动力

经济发展转方式，调结构，关键和核心在于技术创新，掌握自主工业产权。近年来，美国等老牌经济体经济增长放缓和失业居高不下的原因之一就是技术创新乏力，世界工业产权组织发布的《世界专利报告》显示，美国 2008 年的专利申请增长率为零，而作为世界经济"火车头"的中国，在 1995—2010 年的经济高速增长期间，国家工业产权局受理的专利申请平均年增长率为 23.9%。另外，技术创新还促进了各国产业结构的优化和调整，世界各国工业化的发展进程也充分表明，任何一个国家经济社会的持续发展都取决于该国产业结构的不断调整升级和优化。在技术创新步伐飞快的今天，依靠创新和转型，许多传统产业浴火重生，夕阳产业日出东方。

工业结构是生产要素在不同部门、不同区域配置的比例关系，它既是过去经济发展的结果，又是新的经济周期或发展阶段的起点，工业结构优化升级是现代经济增长的基本内容。根据霍夫曼的研究，在工业化的早期阶段，作为消费资料工业的轻工业相对于生产资料工业的重工业具有绝对优势，在工业产值中占有最大份额。而后随着工业

化水平的提高，轻工业比重逐步下降，到工业化后期重工业逐步取代轻工业的主体地位。从长期的经济增长过程来看，工业结构高级化运动，并不单纯指某些产业比重的升降，而主要指产业的技术集约程度的提高。这种变化是通过与科学技术进步相联系，通过引入新的生产函数，通过主导产业的转换来实现的。国内外产业结构形成与演变的历史表明，历次知识与科学技术革命的重大突破，都必然加速主导产业群演化的进程。主导产业群呈现出由轻工业化、历经重工业化、高加工度化，最后向技术集约化演变的总趋势。与此相伴随，工业生产过程向低能耗、低污染趋势发展。

1. 工业产权通过科技创新助推工业结构的升级

一个国家的产业结构，主要表现为第一、第二、第三产业之间以及三次产业内部各产业部门之间的比例关系和结合状况。历史表明，科技进步和创新在人类社会所经历的三次产业革命和社会分工中发挥了重要作用。18世纪中期欧洲发生的蒸汽技术革命，将人类带入机械化时代，蒸汽动力取代人力、畜力、水力、风力等自然力，劳动工具实现了由手工向机械化工业机器的转变，实现了从手工业到机器大工业的转变。19世纪70年代，电力技术革命发生，使得人类进入了电气化时代，劳动工具有了更加先进的动力装置，促进了电力工业、电气设备工业的迅速兴起和发展。当代的科技革命则使得人类进入了信息化时代，全球的产业结构发生了变化。从20世纪80年代起，高新技术产业在我国国民经济中占据了越来越重要的地位。大量事实表明，依靠资本、劳动力等资源投入所获得的产业发展和经济增长已下降到次要地位，而科技进步与创新则上升到了主要地位。

2. 工业产权通过科技创新推动工业结构的"软化"

根据各产业对资本、劳动和技术的不同依赖程度，产业可划分为劳动密集型产业、资本密集型产业和技术密集型产业。由于科技的进步与社会的发展，将任何一个产业确认为某一资源密集型的产业是相对的。工业结构的升级不仅体现在工业结构的高度化上，而且体现在工业结构的软化上。从目前的情况来看，全球产业结构中的支柱产业正在从轻纺工业化、重化工业化、高加工度化阶段向技术知识密集阶段过渡，一些高新技术产业（如信息产业、航空航天产业、新材料工业和新能源工业等）由于蕴含了较多的高新技术知识成分，投入大、附加值高，关联效应强、增长率快，已经逐渐取代传统的制造业而在产业结构中占据越来越重要的地位。从产业生产要素的构成来看，工业产权及其引导的科技进步开始超越资本和劳动而成为现代经济增长的主导性、决定性因素。

3. 工业产权促进技术创新，为工业结构升级提供直接动力

在工业结构内部，任意一款新产品开发或生产流程技术创新，都可以打破原有的社会生产分工体系，形成新的产业门类，刺激和带动相关产业的发展，引起产业结构的扩张、复杂化及优化升级。新产品、新生产工艺和流程也可以通过替代旧产品旧生产流程的途径，沿"产业链"向下导致某些夕阳产业萎缩乃至消亡。如汽车的发明实现了人们旅行、运输机械化的梦想，形成了汽车工业、公路运输业等一系列新产业，带动了机械加工、钢铁、石油、橡胶等相关产业的发展；同时也使以人力、兽力为主要动力的传统运输业等相关产业萎缩，新产品还可以通过向生产流程技术形态的渗透，沿"产业链"向上加速新兴产业的派生；或者改进原有生产流程技术形态，沿"产业链"向下提高原有产品质量或产量，如激光器向通信领域的渗透，产生了光纤通信产业；激光器广泛应用于打孔、切割、焊接、测距等领域，改变了传统的机械工业工艺技术，提高了产品产量与加工精度。在产业技术创新与工业结构升级间存在着相互促进的作用机制，正是由于这一作用机制的存在，产业技术创新与工业结构升级都呈现出加速发展态势。

4. 工业产权提升推进湖南新型工业化自主创新的能力

转变经济发展方式，关键在企业转变发展方式，出路在推进新型工业化。近年来，湖南省委、省政府先后出台了一系列增强自主创新能力，促进经济发展方式转变的重要文件和政策措施，共实施60个重大科技专项，攻克关键技术"瓶颈"270多项，取得了千万亿次超级计算机等一批具有自主工业产权的重大科技创新成果，促进了高新技术产业发展，自主创新为湖南省经济发展方式转变提供了有力的科

技支撑。特别是省政府颁布《湖南省工业产权战略实施纲要》，开展工业产权优势企业培育工程，使企业运用工业产权的能力明显增强，在国内外市场的竞争力进一步提升，经济效益大幅度提高。今后几年湖南省在工业产权工作领域将推出更多重大举措，将把长株潭试验区建设成为工业产权密集区，促进"两型社会"建设；要引导高档数控、新型材料、风电装备、工程机械、轨道交通、新能源汽车、优质种苗、生物制药、数字媒体、农产品加工 10 个产业逐步在海内外展开专利布局，强化产业工业产权支撑链，提升产业工业产权整体优势；精心培育 100 家工业产权优势企业；要开展 1000 家中小企业工业产权试点，提高科技型中小企业的科技转化能力和市场竞争力，为湖南新型工业化打造更多自主创新的成果和平台。

（三）工业产权是提高企业竞争力和经济效益的关键

产业竞争力是某一产业在市场竞争中取得优势并能适应市场变化保持其优势的能力。经济全球化时代，国家之间的经济竞争日趋激烈，如何提高产业竞争力是各国十分关心的问题。产业的竞争优势可以来自许多方面，如禀赋优势、市场优势、企业科学的发展战略和成功的经营管理、高效的产业组织形式、合理的产业结构、科学的产业布局、适宜的产业政策、创新等。其中，创新特别是技术创新，是一种最活跃、最有渗透力的优势，自英国工业革命以来，产业技术和产业组织制度发生了多次革命，而在最近几十年发生得更为频繁，间隔的时间越来越短；科学技术具有很强的渗透力，它对经济和社会的影响是广泛和深刻的，比如，今天各国竞争最为激烈的信息技术，它几乎可以广泛地应用于国民经济的各部门和社会生活的各领域。

1. 工业产权是企业附加值的主要来源

一般来说，产业竞争力取决于产业附加值的高低，产业附加值高，产业竞争力就强；产业附加值低，产业竞争力就弱。在产业链的各环节，都会形成一定的附加值，但其高低有所不同：研发阶段和品牌营销阶段附加值高，生产加工阶段附加值低。整个产业的附加值是产业链各环节所创造的附加值之和，而其高低关键取决于研发和品牌营销这两端，研发和品牌营销在附加值的创造上之所以与生产加工不同，是因为前者包含技术、品牌等工业产权，而后者只是比较简单的劳动。归根结底，工业产权是产业附加值的主要来源，正因如此，目前，许多企业仅为跨国公司进行加工组装，但拥有自主工业产权的核心技术和品牌的很少，因而产业的附加值很低。[1]

2. 工业产权激励企业发展战略性新兴产业

战略性新兴产业是涉及国家根本竞争力、国家安全、国家战略目标实现的产业。我国战略性新兴产业已有一定的发展基础，但是也存在亟待解决的问题：发展战略性新兴产业缺乏核心基础技术支撑；发展战略性新兴产业的产业创新动力不足；发展战略性新兴产业的人才培养和利用不充分；战略性新兴产业尚未形成国家整体竞争力。从农业→工业→商业→服务业→信息产业这些不同发展阶段的主导产业依次更替来看，产业结构的升级过程也是产业附加值的提高过程。而产业附加值主要来自工业产权，或者说来自受工业产权保护的技术和品牌。当然，一项成功研究开发的技术，即使没有得到工业产权的保护，也会产生相当的经济效益和社会效益，但由于不受保护，人人都可用它就很难形成附加值，因为它并不稀缺。事实上，在商场如战场的今天，各国对技术、商标、商誉等的工业产权保护正日益加强。

传统产业一旦采用先进的技术或者形成品牌就可以实现产业升级，如现代高科技农业。所以，传统产业与新兴产业、夕阳产业与朝阳产业的区分是相对的，不存在绝对的传统产业、夕阳产业、衰退产业，加工业中也广泛地应用信息技术进行信息的收集、处理、分析。先进的技术和品牌具有强大的渗透力，它们既催生了新兴产业，又可用来改造和提高传统产业。

3. 工业产权改变了市场竞争方式

在工业经济时代，企业是在产品价格、质量、成本上展开竞争，物美价廉是占领市场的法宝；在知识经济时代，消费者的偏好有所变

---

[1] 张志新、曹东锋：《知识产权在产业竞争力中的地位和作用》，《商业经济研究》2007 年第 6 期。

化，其关注点不仅仅是价格和质量，还包括绿色环保、品牌效应、文化内涵、企业信誉等，这使企业在专利、品牌上进行着激烈较量。如果说工业经济时代，规模经济优势是决定胜败的关键，那么，知识经济时代，工业产权优势则是区分高低的标尺。工业产权优势是一种最有效、最有潜力的优势，与其他优势相比，工业产权优势最有效，因为工业产权权利人依法享有垄断权利，可根据工业产权保护的范围来占领市场，排斥竞争对手的进入；工业产权优势也最有潜力，创新永无止境，人类无限的需求欲望与有限的自然资源、环境之间的矛盾只有通过不断的创新来解决，工业产权是对创新的鼓励和有效保护，显然工业产权优势来自创新的经济效益。

4. 工业产权优势是一种最有效的优势

国家工业产权局的一份调研结果表明，在国际金融危机的严重冲击下，拥有自主工业产权和自主知名品牌的优势企业，抗冲击能力强，经营状况良好，发展态势强劲。另据测算，新技术或品牌等形成的工业产权对于产品附加值的贡献往往占到了产品附加值提高空间的90%。此外，工业产权也是突破当前西方发达国家对涉及重大核心技术的产品仍实行封锁和禁止对华出口，突破出口产品技术性贸易壁垒的有效武器。加入 WTO 以来，我国在工业产权方面的斗争表现得十分激烈。工业产权是 WTO 三大支柱之一，正受到前所未有的关注。目前我国计算机技术、移动通信、集成电路、生物技术领域中，70%—90% 的"地盘"被国外专利占领，高耸的技术壁垒阻碍着高新技术产业的发展，影响着工业化的进程。虽然我们迈进了 WTO 的大门，但真正的角逐才刚刚开始，面临的国际竞争将更加激烈，拥有工业产权的数量和质量，已经成为各国参与国际竞争的主要焦点。

发达国家采取的主要措施包括：一是大量申请中国专利，2001年，日本申请 13736 件，美国申请 8994 件，德国申请 3454 件。而我国申请国外专利只有 1000 多件。2011 年，我国授予境外专利 9.7 万件，占全国授予专利的 10.1%。国外申请的专利大部分是发明专利，占我国发明专利申请总量的 60% 以上。大量发明专利被外国申请后，会压缩我国技术创新的空间。二是收取专利使用费，如中国的音响企业与美国杜比公司达成协议，每销售一台使用杜比技术的音响，交纳8美元的专利费。三是加大政府干预的力度，美日和欧盟的一些发达国家，都在研究和实施工业产权战略，如日本政府成立"工业产权战略会议"，其目的就是防止国外仿制、仿冒日本产品。因此，重视工业产权、加强工业产权管理涉及我国在国际分工中的地位，关系到新型工业化的实现和国际竞争力的提高。

（四）工业产权保障工业经济可持续科学发展

众所周知，湖南人均资源占有量偏少。在各种资源中，对全省经济可持续发展威胁较大的首推能源资源，能源资源的低储量、高消耗，一次性能源占比高，不合理的能源生产和消费结构客观上进一步加剧了能源资源紧缺的严重性。此外，生产消费过程中人与自然、环境的矛盾十分突出，因此如何以工业产权为支撑，发展循环经济，开发低碳技术，寻找替代资源，以可再生资源替代自然资源，用高新科技和先进技术改造传统产业，提高资源节约的整体技术水平以促进经济社会的可持续发展迫在眉睫。

依靠工业产权和科技创新寻找可替代资源能源。

一是海洋资源开发。当世界各国备受资源短缺、人口膨胀、环境恶化问题困扰时，都纷纷把目光投向了广袤的海洋。海洋是地球生命的摇篮。海洋正由于其丰富的资源成为人类可持续发展的重要出路之一。海洋蕴含的宝藏无穷无尽，因此科学家将它比喻为"液体矿山"。海洋资源开发，海洋经济的发展关键取决于海洋知识和技术创新。开发和利用海洋的难度比陆地大得多。认识海洋、开发海洋、保护海洋必须依靠当代最先进的科技成果。海洋生物技术、海洋环境监测技术、海洋资源探测技术、海洋油气开发技术、海洋水声技术等成为世界高技术竞争的热点。目前，人类活动的主要区域集中在水深500米以上的海域表面，海洋的中层循环和深层循环还很少得到开发利用，因为深海潜水与航天开发一样，同样充满着危险与挑战，深海潜水技术也同样与航空航天技术一样，代表和显示着当代的科技水平。

二是发展空间产业，向天空要资源。首先是月球资源。21世纪，进军月球将是人类摆脱能源和资源危机的重要一步。自 1957 年苏联发射第一颗人造卫星并于 1961 年把加加林送上近地轨道之后，人类便闯入太空，并着手探测月球。从 20 世纪 50 年代末到 70 年代初，苏联共向月球发射了 32 枚探测器，这些探测器或逼近飞行，或着陆月球，取得了丰硕的探测成果。与此同时，美国也向月球发射了 21 个探测装置，1969 年更是实现了人类登月的创举，先后有 12 名宇航员登上月球表面，并向地面带回 440 千克的月岩样品。月球独特的自然环境和资源一直吸引着人类。目前，主要发达国家都把目光瞄向了月球，美国提出了移民计划，所需建材和能源等都能从月球上取得，俄罗斯则看上了月球上储藏甚丰的氦同位素氦 – 3。氦 – 3 是一种核燃料，几十吨的氦 – 3 就能满足全球一年的能源需求，地球上极为贫乏，在月球上却极为丰富，总储量大约为 100 万吨，可为地球上的人类提供能源达数千年之久。日本建筑业的大公司投入数千万美元和大量人力对月球住宅建造已经进行了近 10 年。其次是开发绿色能源。主要是太阳能，几乎是一种近乎无限又没有污染的最佳能源，作为燃料的替代品之一，近年来备受关注。自世界太阳能首脑会议在哈拉雷举行，来自 121 个国家的 1000 多名政府官员、能源专家和国家组织代表出席了会议。会议呼吁世界各国在今后 10 年内建设 253 个开发利用太阳能以及其他可再生能源的示范项目。会议通过了《哈拉雷宣言》，强调各国应采取措施控制"温室效应"和有害气体与物质在大气层的释放，并指出，开发利用太阳能等可再生资源，以及建立有效和清洁的能源系统，是有效地缓解能源危机和减少环境退化的途径。

（五）工业产权促进工业技术成果更好地转化为现实生产力

在工业产权制度设立的目的方面，国内长期以来一直将"保护"视为其主要目的，而忽略工业产权制度本身的重要使命和价值，由此直接导致人们长期以来对专利技术转化不够重视，或者说难以形成转化之意识并将其付诸行动，时至今日，工业产权特别是专利技术转化仍是我国经济发展中存在的重大难题。

实际上，工业产权保护与其确权一样，只是一种手段，为工业产权人实现其目标创造前提。宗旨在于促进技术流转和扩散，让更多的人分享到人类创造和知识带来的福利，进而推动社会、经济进步和发展，提高人们的生活质量和福祉。《与贸易有关的工业产权协议》（以下简称 TRIPs 协议）明确规定工业产权是私权。这一规定为工业产权的转让和扩散定下了基调，即基于私人财产权基础上的转让是私权，直接关系到个人利益，其转让和扩散通常就意味着获得一定的对价。这种私权不同于一般的有形财产，如果不进行转让、许可和转化，其价值往往得不到实现。所以，该制度自建立时起，就与转让、许可和转化密不可分。随着人类研发力量日益独立，转让和转化的价值更加凸显。TRIPs 协议的"目标"条款明确规定：工业产权的保护和实施应有利于促进技术革新、技术转让和技术传播，有利于生产者和技术知识使用者的相互利益，保护和实施的方式应有利于社会和经济福利，并有利于权利和义务的平衡。

如果仔细分析，可以确定，促进技术转让和扩散是 TRIPs 协议"目标"和"原则"的重心之所在。其中，"目标"一条给出的各目标之间的关系是有层次的，它明确了工业产权制度设计的主要的直接目的在于促进技术转让和传播。因为后面的三个"有利于"可以看作是"有利于促进技术革新、技术转让和技术传播"的扩展和延伸或其所带来的结果，即如果无前一目标，后面三个目标无法实现。"有利于生产者和技术知识使用者的相互利益"是技术转让和传播带来的直接结果和具体体现，后面的两个"有利于"是从保护和实施方式的角度来进一步明确该制度目的的含义，"应有利于社会和经济福利"是该制度的最终目标，但其实现可依赖的路径应是源自于该制度的直接目标——"技术转让和传播"。"有利于权利和义务的平衡"意指不能单方面强调保护一方利益，而是在有关当事人之间寻求正当、恰当的权利与义务的平衡，而其实现恐怕还是凭借"技术转让和传播"。而"原则"一条规定，为了防止权利所有者对工业产权的滥用，防止不合理地限制贸易或影响技术的国际性转让的实施行为，可以采取适当措施，其条件是这些措施与本协议的规定相一致，其落脚点也是促进技术流转，不过其强调的是国际层面的技术流转而已。

三　强化知识产权工作，大力推进湖南新型工业化

一直以来，湖南把知识产权作为重要的基础性工作来抓，把知识产权前瞻性、战略性、根基性、规范性的要求，落实在建设创新型湖南的实践中去。从专利申请、授权总量上说，湖南都不在最前列，这与湖南的产业特色有关系。既然在"量"上空间有限，我们扎扎实实地在"质"上做文章，将重点放在培育知识产权优势企业上。

（一）重点强化支柱产业的自主创新，突出工业产权保护

湖南具有较好基础和较强区域竞争优势的支柱产业，主要是以轨道交通设备、工程机械、汽车及零配件制造为主的装备制造业；以钢铁和有色冶金工业为主的原材料制造业；以烟草、造纸、食品、陶瓷和烟花制造等为主的轻工制造业，以及以电子信息、新材料和生物医药为主的高新技术产业。①

在支柱产业中加强自主工业产权新技术开发应用，首先是"瓶颈"技术的突破和开发应用。如在高技术领域，抓自主产权新产业培育，重点培育数字动画和数码音讯、智能工程机械及零配件、现代轨道交通装备及零配件、特超高压输变电装备、风力发电机组及零部件等一批新兴产业，以支撑湖南省高新技术产业的发展。其次是以知识产权战略全面推进制造业信息化普及推广工程。在以技术配套促进产业发展上，充分发挥湖南知识产权和专利工作的优势，着重围绕产业及产业集群的形成和壮大，部署重大科技专项和重点项目，突破行业共性技术和关键技术，实现以技术招商，带动产业发展；在以科技型中小企业的创新能力建设配套区域大产业竞争力的提高上，进一步发

---

① 赵玲玲：《以技术创新推进湖南新型工业化研究》，《中南林业科技大学学报》（社会科学版）2007年第2期。

挥工业支柱企业的重要作用，通过打造知识产权优势，打造大产业，培育产业集群。

（二）抓好重点工业园区知识产权建设，加速发展高新技术产业

2010 年 1—2 月，湖南省级及以上园区中，规模工业企业有 1858 家，占全省规模工业企业个数的 14.1%，实现增加值 73.33 亿元，同比增长 23.8%，高于全省平均水平的 3.2%，对规模工业增长贡献率为 25.9%，拉动规模工业增长 5.3%；园区规模工业增加值占全省规模工业总量的 23.2%，比上年同期提高 4.3%。但在 2011 年，全省规模以上工业企业总数 12289 家，比 2010 年增长 231 家。工业园区在湖南工业占有很重要的地位，在地方经济发展中发挥的作用越来越明显。

园区中的高新区更是自主创新和知识产权工作的主力军，是带动区域经济结构调整和经济增长方式转变的"火车头"。当前自主创新和知识产权工作的重点是做好以下三项工作：首先，要着力推动高新区工业产权"二次创业"。组织开展创新型园区建设试点，探索体制创新、技术创新与知识产权体制创新的结合，引导科技创新资源向高新园区聚集；加快投融资平台建设，突破制约高新区发展的资金"瓶颈"；拓展高新园区发展空间，发展壮大高新区，抓好长沙、株洲国家级高新区的扩区，做好湘潭高新区升格为国家级高新区的准备工作，支持湘潭"德国工业园"建设，加大对韶山、常德、娄底等条件较好的工业园区的支持和培育力度，重点扶持浏阳生物医药园、汨罗循环经济工业园、湖南环保产业园等特色园区的建设，促进环保产业和医药产业的发展。其次，在园区培育一批工业产权高新技术产业重点项目。通过调研论证，选择一批市场前景广、技术含量高、成长性强的重点高新技术产业化项目。通过新型工业化专项计划，着力加大两类项目的培育，壮大高新技术产业：一是目前暂无规模，但技术含量高、成长性强亟待产业化的"育苗"项目；二是培育目前已具备一定规模，亟待培育壮大的"造林"项目。最后，依靠知识产权优势，推进高新技术产业集群。湖南规模工业企业，产品开发能力较弱。要

依托全省科技力量、科技成果和知识产权的优势，加大科技成果的转化力度，突出转化重点，加快新材料、先进制造、电子信息、生物医药等优势领域高技术成果产业化步伐，把优势产业进一步做优、做强，推进优势产业集群的发展。引导优势产业向深加工、精加工方向发展，强化节能降耗措施，真正迈上资源消耗少、经济效益高的新型工业化道路。

（三）突出工业企业自主创新的主体地位，积极利用跨国公司研发力量

企业创新能力的提升是企业竞争力提高的关键，创新能力的高低，不仅直接关系到企业竞争力的强弱，而且也是工业化的基础。在市场经济条件下，几乎所有的发达国家，企业都是科技创新的主体。世界上对经济发展起决定作用的技术几乎全部源自企业，发达国家80%的科研工作是在大企业中完成的。在深化改革使企业成为市场主体的基础上，要进一步使企业成为技术创新主体。

1. 更加重视工业产权，注重企业创新能力建设

千方百计加大企业研发投入，按照国际上比较流行的观点，研发投入低于1%的企业，通常难以生存；低于3%的企业，就失去了竞争力。企业要成为真正的研发主体，因为只有企业才最清楚"市场冷暖"，知道如何按照市场需求开发创新所需的技术，重点企业和企业集团应建立自己的研究开发机构，成立技术中心或研究院。

2. 强化企业知识产权创新激励机制建设

为了调动全省工业创新人员的积极性，必须健全高效的企业知识产权创新激励机制。在物质激励方面，从改革分配制度入手，按照创新贡献的质和量，给予公正的回报，提高他们的工资、福利待遇，承认和保护创新者的技术创新产权，允许创新人员凭借其创新产权在企业占有股份，从企业分得利润，给科技人员提供学习深造的机会，激励科技人员为实现企业价值和自身价值，充分发挥出自己的创新主动性和积极性，快出研发成果，出好成果并迅速转化为现实生产力。

3. 培育知识产权创新文化，积极整合利用外部创新资源

提高自主创新能力并不是什么事都要自己从头做。湖南省企业创新资源普遍不足，实施"借脑"开发、合作开发，是整合社会科技资源以加快科技创新速度、提高创新效率的有效途径，是弥补企业研究开发能力不足的一种有效形式，也是加速科技成果转化为现实生产力的重要途径。在这方面，一是重视产学研合作；二是通过多种途径增加对引进技术的消化、吸收再创新的投入，坚持搞好引进技术与自主创新的结合工作，全面地提高企业自主创新能力；三是通过国际并购，提高技术水平，要抓住有利时机，敢于和善于并购国外技术型企业，获取行业的核心技术，增强自身的自主创新能力。

4. 充分利用海内外科技资源，积极利用跨国公司研发力量

跨国公司在世界经济发展中扮演着越来越重要的角色，是经济全球化的重要特征。吸引一批跨国公司来湘投资，不仅有利于加快湖南投资总体质量的改善，促进产业结构的升级和先进技术的引进，而且对湖南研发活动的开展和研发水平的提升具有极大的促进作用。当前，跨国公司进入规模和层次不断创新，对进行研发活动也日益重视。大型跨国公司在我国设立的独立研发机构主要集中在信息通信、生物制药、精细化工、运输设备制造等行业，这些行业刚好是湖南的支柱产业，湖南又具有较好的经济发展基础和科技基础、人才储备，吸引跨国公司向湖南转移研发能力，有一定磁力，要把吸引跨国公司来湖南设立研发机构作为与跨国公司合作的重要内容。要加强对新材料、生物医药、环保工业、新能源等技术的引进，实施一批重大国际科技合作项目。重点支持与俄罗斯新材料技术、与德国纳米生物技术、与意大利 CDM 项目和与古巴生物医药技术等的技术合作。深入开展"泛珠三角"区域科技合作，积极组织高新技术企业在港开展股权招商引资工作。

（四）优化政府研发投入结构，加强工业产权工作体系建设

在市场经济条件下，政府知识产权战略投入重点应放在公共性较强的基础性、战略性的关键部门和行业。主要包括：（1）基础理论研

究，这是大部分创新得以产生的基础，需要政府承担起组织、资助基础研究的责任；（2）基础设施研究，技术创新活动依赖于许多公共设施，如通信、交通和标准化等，这些项目具有公共产品的性质，有赖于政府投资建设；（3）战略性产业，如新能源、超导、基因、纳米等领域的研究开发，往往具有战略导向性，其社会收益往往远大于私人收益，政府应该促进这些领域的创新活动。政府可以通过政府资助、政府购买以及税收优惠等引导企业研发资源的投入方向，通过政府支持，对于降低企业技术创新成本、增加企业市场竞争力和引导全社会增加研发投入将起到无可替代的作用。

加强知识产权管理部门与行业协会和企业的联系。加强对知识产权国际纠纷的协调处理，代表国家和企业的利益协调贸易中的知识产权保护问题。成立湖南知识产权服务中心，为全社会提供专利信息服务，专利技术查新检索，知识产权法律咨询服务，专利申请咨询服务，专利技术的分析评估，涉外知识产权纠纷和专利侵权行为的举报投诉和案件登记移送，知识产权诉讼代理，知识产权宣传培训等。加强知识产权服务中介机构建设，制定完善湖南有关专利代理机构管理办法和专利代理人员执业守则，加强代理机构的监管，规范专利代理机构的执业行为。加紧筹建涉外知识产权代理机构和专利代理人协会。引导和帮助行业协会建立知识产权管理制度，加强行业内知识产权保护自律与约束机制和会员单位间的知识产权纠纷调解机制建设。加大知识产权行政保护力度，提高执法效率和力度。将知识产权工作考核纳入市政府年度工作考核，制定考核指标及评价标准。

四 实施知识产权战略，提升核心竞争力的保障措施

深入贯彻落实科学发展观，以实施知识产权战略为主线，以"一化三基"战略为导向，按照激励创造、有效运用、依法保护、科学管理的方针，在"转方式、调结构"中发挥知识产权的驱动作用，在

"抓改革、强基础"中提升知识产权的工作水平，在"惠民生、促发展"中彰显知识产权的软实力。将湖南建设成为创新人才集聚、创新机制健全、知识产权丰富、转化渠道畅通、产业效益显著、工作体系完善、发展环境优良、核心竞争力明显的强省。

为确保湖南知识产权战略总体目标得以实现，通过战略实施有效提升湖南省的核心竞争力，我们从知识产权的创造、运用、保护、管理四个环节提出如下措施：

（一）激励创造

（1）完善知识产权法规政策体系，加强配套措施的制定实施。在制定产业发展、结构调整、科技进步、招商引资、人才引进等政策中要充分体现知识产权导向。加大对发明专利和国外专利申请的资助力度，落实支持自主创新的各项财税政策。出台有关支持重点产业、战略性新兴产业领域专利技术的申请、实施和产业化的优惠政策。

（2）进一步加大对知识产权工作的投入。各级政府应将知识产权经费纳入同级财政预算，并随财政收入增长逐步增加，切实保障知识产权工作机构运转和事业发展。设立知识产权专项经费，用于知识产权战略实施、优势企业培育、专利申请资助、知识产权保护、专利信息平台建设等工作。鼓励和引导专利技术成果的转化，促进专利质押贷款。引入风险投资，拓宽专利技术运用的融资渠道。建立健全知识产权专项资金管理制度。

（3）完善知识产权激励机制。对为经济社会发展做出重大贡献的专利技术、专利产品及专利发明人给予奖励。根据行政奖励的有关规定，对在知识产权创造、运用、保护和管理中做出突出贡献的集体和个人给予奖励。

（二）有效运用

（1）突出企业在知识产权工作中的主体作用。建立健全以企业为主体、产学研相结合的自主知识产权创造体系和贯穿于企业研究开发、生产经营、资产营运、人才管理及对外合作各个环节的知识产权工作体系。加强企业知识产权制度和工作机制建设，制定完善企业知识产权评价、激励机制，优化企业知识产权资源配置。大中型企业、科技型中小企业，尤其是高新技术企业，要努力实现知识产权工作的规范化和专业化。

（2）促进企业知识产权的转化和运用。积极推动企业知识产权的商品化、产业化，重视和加强知识产权评估，引导企业采取知识产权转让、许可、质押等方式拓展知识产权的市场价值。围绕湖南产业发展的重点领域，扶持一批技术含量高、市场前景好、带动效应强的自主知识产权项目和产品，培育和扶持一批国家级和省级知识产权产业化基地、试点示范园区，推动高附加值的产品、技术和服务的出口。

（3）提升企业运用知识产权制度参与竞争的能力。深入开展企业知识产权试点示范工作，增强企业知识产权保护尤其是国际市场保护的意识，提高企业法律风险防范的能力和水平，鼓励企业将发展战略与知识产权战略结合起来，培育一批自主知识产权与技术标准有机结合的骨干企业。鼓励企业主动进行知识产权战略布局，引导企业妥善处理知识产权问题和积极参与行业知识产权共同维权。

（4）大力推进知识产权信息利用。建设覆盖广泛、信息共享的省市、重点行业、企事业单位的知识产权信息服务网络，逐步建设支柱产业、特色行业、重点企业的知识产权信息数据库。引导企事业单位建立专利信息查询和分析系统，在研发、技术（产品）进出口、专利申请、纠纷诉讼等过程中对专利等知识产权信息进行深层次利用。重点扶持骨干企业建立知识产权信息利用机制，指导企业制定并实施知识产权战略。

（5）建立健全知识产权预警应急机制，提升产业竞争力。建立健全重点企业、重点产业知识产权预警体系；建立处理重大知识产权纠纷的应对和维权援助机制；逐步建立湖南支柱产业、特色行业和重点领域的产业标准等技术性贸易壁垒防范机制。建立健全涉外经济活动中的集体维权机制，加强对重点出口企业、支柱产业和特色产业的知识产权保护及维权援助工作。

（三）合理保护

（1）发挥知识产权司法保护的主导作用。支持完善知识产权审判机制，优化知识产权审判资源配置。进一步提高审判质量和效率，依法严惩知识产权犯罪。加大涉嫌刑事犯罪案件的移送力度，依法及时惩处严重知识产权侵权行为。全面提升知识产权司法保护水平。

（2）强化知识产权行政执法。健全省、市、县三级行政执法体系，充实基层执法力量，加强行政执法能力建设，依法打击知识产权违法行为。建立知识产权重大涉外案件上报制度和重大案件通报制度。进一步加大知识产权举报投诉和维权援助工作力度，建设好中国（湖南）知识产权维权援助中心。

（3）加大海关执法力度。充分利用海关执法机制，维护企业自主知识产权在国际市场的合法权益。引导企业开展知识产权海关备案工作。强化知识产权边境保护，制止侵权货物进出境，维护良好的进出口秩序。

（四）科学管理

（1）加强知识产权工作组织领导。充分发挥各级政府知识产权协调领导小组的统筹协调作用、各业务主管部门的职能作用和各相关部门的协同作用，逐步形成协调有序、运转高效的知识产权工作新格局。加强省、市（州）、县（市、区）知识产权行政管理体系建设，建立健全与工作相适应的知识产权管理机构。充分发挥中介机构作用。

（2）建立健全知识产权战略实施考核评估机制。各级政府要加强对知识产权战略实施的指导和监督，将知识产权指标纳入科学发展、科技进步、新型工业化等相关工作目标考核体系。积极推进区域、行业及企事业单位知识产权战略及规划制定实施。

（3）建立重大经济活动知识产权审议制度。相关主管部门和实施责任主体在制定产业和科技发展规划以及进行重大项目决策和管理时，应当进行知识产权状况评估和跟踪分析。对使用财政性资金或国有资产投入支持的重大建设项目、重大科技专项、重大并购事项、重点引进项目、重大国际科技合作项目、重点装备进出口、核心技术转让等重大经济活动，实施责任主体要进行知识产权信息分析和风险评估，知识产权管理部门要予以指导和监督。

（4）逐步完善全省知识产权培训体系，建设知识产权人才培训基地。加强人才培养，建设高素质知识产权人才队伍。广泛开展知识产权培训。逐步推进知识产权普及教育和学历教育。充分发挥知识产权人才的专家咨询作用。引导和鼓励企事业单位建立知识产权人才绩效评价和激励机制。

（5）建立健全知识产权公共服务平台。建设知识产权申报、展示、交易、电子政务、信息数据库等公共服务平台。完善知识产权统计体系。建立专利等知识产权展示交易和孵化平台，促进知识产权产业化。

第五章　知识产权运用：面向战略性新兴产业的专利权质押贷款模式创新

随着知识产权地位和作用的不断提升，知识产权已成为企业进行市场竞争的利器和获取利润的重要来源，成为高科技公司最重要的资产。同时，知识产权的产生和利用也需要大量研发资金的投入。因此，企业如何利用其拥有的知识产权获得融资就成为一个重要的课题。《国家知识产权战略纲要》已将知识产权运用的能力提升作为知识产权工作的重点。面对国际制造业知识产权博弈的严峻形势和我国制造业面临的知识产权运用困境，如何使强化知识产权运用成为制造强国建设的"标配"，是我国制造强国建设必须破解的难题。影响和制约科技成果转化与知识产权商业化运用的根本问题是科技成果供需矛盾问题，客观问题是市场失灵问题，还存在政府失灵问题。促进知识产权运用需要知识产权管理规范化、知识产权决策科学化和知识产权价值资本化。促进科技成果转化和知识产权运用，必须以自主创新能力建设为主线，坚持市场需求决定原则，加强转化运用法律和政策的顶层系统设计，支持企业真正成为科技成果创造和转化的主体，必须推进体制机制、管理方式的改革完善。

创新是确保推进"新常态经济"的重要源泉，专利权质押贷款是适应战略性新兴产业特点的融资方式。结合实践需要提出一种突破传统产权质押模式的适合战略性新兴产业发展的贷款模式，通过搭建政府担保平台、建立集合授信，实现风险补偿、贴息补助、保险支撑及内部质押共分享来分散防范贷款风险，有效提高质押率并减少流程和操作时间。同时，提出应从政府设立风险补偿资金，银行实行承诺快捷程序，责任风险主体责任化解，引入资产评估公司和律师事务所及建立完善专利权交易平台四个方面推进相关政策支撑与后续支持。

一 研究背景及问题的提出

2006 年 9 月，全国知识产权质押融资研讨会在湖南湘潭召开，会上，国家知识产权局、国家工商行政管理总局、中国人民银行、中国银监会等相关部门共同就如何解决我国知识产权质押融资中的困难和进一步推进知识产权质押融资工作的开展作了深入的研讨。为引导知识产权质押融资工作健康发展，国家知识产权局于 2008 年在全国范围内开展了知识产权质押融资试点工作，有 16 家地方知识产权局被纳入全国知识产权质押融资试点单位。湖南湘潭、广东南海、北京海淀等试点地区纷纷出台新的政策措施，探索知识产权质押融资的新模式，但成效不明显，知识产权质押融资尚未成为中小企业融资的重要方式。2016 年国家知识产权局印发《关于报送知识产权质押融资及专利保险试点、示范的通知》，选择一批城市和园区，开展知识产权质押融资及专利保险试点、示范。

专利权质押是指为担保专利权这一新型知识产权债权的实现，由债务人或第三方将其专利权设定质押，在债务人不履行或无能力履行债务的情况下，债权人有权依照法定程序将该专利权折价或转让、拍卖，所得价款优先清偿债务。专利权具备普通权利质押的共性，已经成为现代企业尤其是新兴科技创新型企业非常重要的资产，也是破解企业融资难这一世界性难题的重要突破口。

（一）专利发明及质押融资在我国的发展态势良好

目前我国科技成果平均转化率仅为 25%，远低于发达国家的 80%，真正实现产业化的不足 5%。[①] 转化率低的主要原因就是科技创新型企业缺乏后续资金，可以说，投资的不足已经深深制约着战略

---

① 张佳星：《怎么看科技成果转化率》，《科技日报》2011 年 3 月 10 日。

性新兴产业科技成果的有效转化。随着经济和科技的飞速发展，专利权资产正日渐成为衡量企业生产能力和未来业绩的尺度。企业越来越重视知识产权的创造、开发、运用、保护和管理工作，也激发了全社会的创新活力。专利权质押作为一种将科技和金融完美结合的融资模式已经打造出一个新的包容性融资平台。开展专利权质押既有利于提高社会资源的利用率，也有利于实现专利技术价值，更有利于提高社会的自主创新能力。

以专利权为例，近几年来专利申请量和授权量及其增幅均大幅增长（见表5－1）。统计数据显示，2013年，国家知识产权局共受理发明专利申请、实用新型专利申请和外观设计专利申请223.46万件，同比增长16.86%；授权3种专利共计122.84万件，同比增长5.6%。尤其值得一提的是，2013年，我国企业发明专利申请131万件，占国内发明专利受理总量的84.2%；我国企业获得发明专利75.3万件，占国内发明专利总量的86.3%（见表5－2），企业知识产权创造主体地位逐步稳固。

表5－1　　　　　　　　2005—2013年专利受理量和授权量　　　　单位：千件

年份	2005	2006	2007	2008	2009	2010	2011	2012	2013
受理量	383.2	470.3	586.5	717.1	877.6	1109.4	1504.7	1912.2	2234.6
增幅		22.75%	24.70%	22.28%	22.38%	26.41%	35.63%	27.08%	16.86%
授权量	171.6	223.9	301.6	352.4	501.8	740.6	883.9	1163.2	1228.4
增幅		30.44%	34.74%	16.83%	42.39%	47.60%	19.34%	31.61%	5.60%

资料来源：根据历年中国国家知识产权局统计年报和2013年统计月报整理计算得出。

表5－2　　　　　　　　2013年国内发明专利申请和授权情况　　　　单位：千件

	企业	大专院校	科研单位	机关团体	合计
受理量	1310.1	167.7	53.0	24.31	1555.1
比例	84.20%	10.80%	3.40%	1.60%	100.00%
授权量	752.7	85.0	24.9	10.0	872.6
比例	86.30%	9.70%	2.90%	1.10%	100.00%

资料来源：2013年中国国家知识产权局统计年报。

（二）专利权质押贷款是适应战略性新兴产业特点的融资方式

作为国民经济的支柱产业或先导产业，战略性新兴产业能够产生科技溢出效应、推进产业升级、促进发展方式的优化。但其培育及发展壮大是一个孵化的过程，需要巨大的要素支撑，尤其是需要投入大量的资金。战略性新兴产业具有不同于传统产业的特征，即以市场要素驱动为主、拥有独立自主知识产权、发明式创新、人力资源密集和战略性、指向性、高成长性等，从而对融资渠道的选择与创新应用提出了新的要求。专利权质押打破了以往传统的实物抵押贷款模式，对于拥有可以带来很好经济效益的技术，但是又缺乏实物担保物的企业，能很好地解决其面临的融资窘境，是一种创新型的适宜战略性新兴产业自身特点的融资方式。质押标的本质上是权益人对专利权未来资产收益的预期，专利权质押后，权利人仍可保有和管理该专利权，这对战略性新兴产业的成长具有非凡的意义。对融资企业而言，专利权质押能够切实加快产业资本与金融资本的深度融合。"后危机"时代的金融体系不可能简单回归到危机之前，"新常态"的金融体系代表着更低的金融杠杆与更多的政府干预的结合。正如诺贝尔经济学奖获得者斯宾塞所说，"我们将会有一个非常不同的金融系统，它的新常态将是被严格地监管，资本需求会很高，银行系统会更有效"。①

党的十八大报告明确提出"毫不动摇鼓励、支持、引导非公有制经济发展，保证各种所有制经济依法平等地使用生产要素、公平地参与市场竞争、同等受到法律保护""支持小微企业特别是科技型小微企业发展"等系列文件已经扫清了主要政策障碍，应该说已经具备了基础，关键是政策的落实与机制模式上的创新。新的机制与模式既要符合中央"改革中央财政科研项目和资金管理办法，使财政科研资金突出助优扶强"的要求，又要结合各省实际和产业发展需要，使财政资金起到"四两拨千斤"作用，提高资金配置效率，引导银行金融机构资金更多地流向战略性新兴产业。同时，新的机制应该围绕创新、

① 新常态经济，http：//baike. baidu. com/view/3220750. htm？fr = aladdin。

快捷、高效做文章，以战略性新兴产业企业群体为重点，以中小微科技型企业为主要对象，创新专利权质押贷款机制，提高企业专利等权利性资产的利用效率，加速推进转型升级。

（三）现阶段专利权质押贷款面临的"瓶颈"

虽然我国专利权质押融资工作取得了一些进展和成绩，但也存在以下问题：一是专利质押融资规模小，尚未成为中小企业融资的重要方式；二是专利质押贷款额度与专利评估价值相差很大，普遍低于50%；三是开展专利质押融资业务的银行不多，目前办理过这项业务的仅有当地的几家商业银行，四大银行基本没有介入。究其原因主要是专利权质押贷款预期风险高、价值评估难、操作周期长（有的办理时间长达 6 个月）、贷款成本高（评估、担保等费用成本占3%—5%）、发生不良时出质专利难以变现，制约了这项工作的开展。自主创新能力不强是中小微企业发展不快的制约"瓶颈"，而资金不足又是拥有自主知识产权的科技型企业做大做强的"拦路虎"，通过专利权质押贷款扶持企业发展是解决这一难题的有效手段，必须加快金融创新，用改革的思维、切实的措施破解难题。

二　面向战略性新兴产业的专利权质押贷款模式创新

（一）创新模式的主要内涵

综上所述，本书提出一种新型的专利权质押贷款模式，主要内容概括起来就是：建立集合授信、风险补偿、贴息补助、保险支持、快捷放贷、内部质押退出的专利权质押贷款模式，有效破解专利权质押贷款"瓶颈"，使更多的中小微科技型企业能够快捷、低成本地获得银行贷款（见图 5 - 1）。

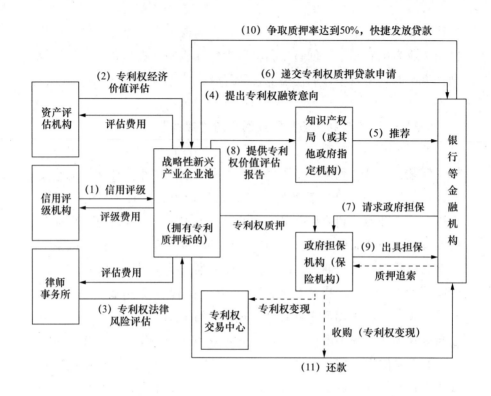

图5-1 战略性新兴产业知识产权质押融资流程

1. 集合授信

由各省的科技经济工作部门和金融、保险为主导，以产学研战略联盟、技术联盟、销售联盟以及紧凑的上下游企业自律组织联盟为集合对象，建立若干专利权质押贷款企业池，由银行对企业池集合授信，建立专门账户。（1）主体：省级成立专利权质押贷款指导委员会（机构），由科技、财政、经信委、知识产权、银行、保险等为成员单位（可吸收评估机构）；选择行业协会、产学研战略联盟、生产力促进中心、中小企业服务中心、专利展示交易中心或专利信息中心等机构作为委托机构监督管理，受委托机构应当承担因管理不善造成的损失及法律责任。（2）企业池：有条件的战略性新兴产业可组建企业池，管委会将各企业池分别委托机构监管。建立管理办法，入池企业签订相关协议、承诺；建立放贷确认办法；建立风险预警控制机制，在风险达到一定水平时中止发放贷款；企业池动态实施管理，根据企业信誉、技术创新、经营状况有进有出。（3）入池企业：产业龙头企业、配套企业50—100家；设立企业入池门槛，符合战略性新兴产业发展方向、具有较强创新实力、拥有有效专利较多的企业可以自行申请入池。（4）专利权质押贷款可质押专利：入池企业承诺将其重点专利作为"企业池可质押专利"，合作中介机构对其作整体专利权价值预评估。（5）授信总额：合作银行对企业池集合授信，授信额度可以达到"企业池可质押专利"整体预评估值的50%。（6）利率：银行承诺优惠，包括银行基准利率加上浮利率，上浮不超过5%—10%。

2. 风险补偿

探索建立各种风险补偿机制，逐步由财政性资金直接支持项目改变为利用政策性支持、风险补偿等的杠杆作用，引导放大银行及金融机构对实体经济的贷款投放量。在各省、市新型工业化专项引导资金、产学研结合专项或中小企业信用担保风险补偿资金等财政性资金中设立专利权质押贷款补偿资金，保证分期兑现发生的质押贷款代偿损失。补偿金来源：一是相关财政性专项资金作为增信资金，额度为授信总额的2%左右。二是入池企业税收留成或试点园区税收留成部分提取。三是入池企业预交或承诺。

3. 贴息补助

专利权质押贷款符合条件的，纳入政府中小企业贷款贴息资金等支持范围。尤其是对于符合战略性新兴产业发展要求的科技创新型中小企业，由企业负责偿还部分利息，另一部分利息由财政直接补贴银行。

4. 保险支撑

评估机构办理执业保险，每个贷款项目办理专业保险，并纳入科技保险支持范围。发生不良后，首先由保险公司向银行代偿，比例为保险公司90%，评估机构10%。可考虑银行承诺在风险控制范围内分三年偿清。补偿资金对银行代偿进行补偿。可对中介评估费、保险费予以补助。

5. 快捷放贷

池内企业办理专利权质押贷款，符合放贷条件的，由集合授信专门账户在 15 个工作日内先行发放；随后按照评估、审贷程序办理所需手续。培养引进集专利价值评估、法律评估等中介于一体的服务机构，中间环节成本不高于实际贷款额的 1.25%（含保险）。

6. 内部质押退出

如果有个别发生不良贷款时，其专利权争取由企业池内的企业进行快速承接，以专利许可、转让等方式实现专利权价值。也可以单独建立完善专利权交易平台，在平台内实现快速兑现。在银行专利权质押贷款不良贷款核销方面，给予税前核销优惠政策以及简便核销政策。

（二）模式的评价

如果建立该机制并有效运行，可以较好地解决以往专利权质押贷款中存在的主要问题，理由如下：

（1）本模式改变了银行针对某一具体企业和项目的业务操作，引入企业筛选、专利权预评估、授信、保险、风险补偿等因素，增强银行信心，以积极态势推出基于战略性新兴产业链的金融产品。符合中央关于加快财政性资金投入方式改革的决定。同时，综合运用创业投资引导、贷款风险补偿、贷款贴息、绩效奖励、担保费保险费补贴与后补助和政府购买服务等方式也是各省市关于促进科技和金融结合加快创新型建设的要求，专利权质押贷款尤其符合这一特征，建立在百亿、千亿战略性新兴产业企业群基础上的专利权质押应成为今后重要支持方向。并争取将专利权质押贷款保险纳入科技保险重点推广项目。

（2）由于产业关联性和互补性，出质专利权易于在企业池内承接转让，对出质专利权变现颇有益处。

（3）风险得到有效防范，本模式由一个企业的具体风险，转变为一个产业的可控风险，应该可以接受分期、分担、在低风险范围内零责任运行方式，由于风险可控，也有利于调动保险公司的积极性。

（三）具体推进建议

建议中央由国务院组织牵头，各地由省级行政机关具体组织，研究制定有关措施、稳妥推进，先行开展以下工作：争取在有条件的省份先行试点，协调省级财政、科技、经信委、知识产权部门等职能部门，重点是落实风险补偿资金、贷款贴息资金和评估保险补贴资金；明确合作评估机构和委托第三方管理机构，同时与相关银行、保险机构协商建立集合授信快捷办理和风险预警控制机制，落实专利权质押集合授信及快捷办理程序；可考虑先在新材料、节能环保等产业基础好、管理较为完善、相关行业协会具备较强能力的战略性新兴产业实施这一模式。

三　创新专利权质押贷款模式视阈中风险防范体系构建研究

新型权利质押贷款是商业银行资产业务的新动向。近年来，为了拓宽资产业务领域，多家银行开始探索科技型企业专利质押贷款业务，虽然规模不大，但积累了一定的经验。这一创新举动在业界引起了巨大反响，不仅为国内大量科技型中小企业开辟了融资新途径，也为银行提供了一种新的融资模式。这无疑是对知识产权质押贷款这一世界性难题的一次挑战或破题。但是，在扩大规模的实践中，如何全面把握专利质押贷款风险，采取相应防范措施，对此项业务的健康发展是十分必要的。

（一）专利权质押贷款存在的风险

知识产权质押融资存在过高的风险和由高风险产生高交易成本，制约知识产权质押融资活动的有效健康发展。专利权质押贷款的风险从发生的时间来说，主要表现在贷前、贷中和贷后三个阶段；从内容来说，则主要表现为法律风险、经济风险、变现与维权风险。

1. 法律风险

知识产权价值的确定首先面对的就是法律风险的排除。尽管我国《担保法》《物权法》及《专利权质押合同登记管理办法》等法律都明确规定了专利的可质押性，如《物权法》第二百二十三条规定："债务人或者第三人有权处分的下列权利可以出质：①汇票、支票、本票；②债券、存款单；③仓单、提单；④可以转让的基金份额、股权；⑤可以转让的注册商标专用权、专利权、著作权等知识产权中的财产权；⑥应收账款；⑦法律、行政法规规定可以出质的其他财产权利。"但是专利权存在的特殊性还会给质押带来一定的法律风险：

（1）专利的合法性和专利质押的有效性。第一，需要通过国家专利检索系统检索专利的真实性，即必须是国务院专利行政部门公告的专利。如果仅仅是专利申请权，虽然按照我国《专利法》规定，申请权也可以转让，但其价值将大打折扣。第二，专利必须在有效期内。我国《专利法》第四十二条规定："发明专利权的期限为二十年，实用新型专利权和外观设计专利权的期限为十年，均自申请日起计算。"这一规定与有关的国际公约或者协定基本一致。合理的保护期，一方面可以鼓励发明人、专利权人发明创造的积极性，促进科学技术水平迅速提高；另一方面可尽可能多地回收专利权人在开发、研制发明创造过程中的风险投资，取得相应的经济效益。获得专利权后，依法向专利部门缴纳专利年费。不承担这一义务，专利权自动终止。第三，进行专利权质押，需要到国家知识产权局进行质押登记，只有进行登记，才可以对抗第三者。

（2）专利质押合同存在的风险。《物权法》第227条规定："以注册商标专用权、专利权、著作权等知识产权中的财产权出质的，当事人应当订立书面合同。质权自有关主管部门办理出质登记时设立。知识产权的财产权出质后，出质人不得转让或者许可他人使用，但经出质人与质权人协商同意的除外。出质人转让或者许可他人使用出质的知识产权的财产权所得的价款，应当向质权人提前清偿债务或者提存。"这一规定说明，用于质押的专利不应是已经转让或许可第三人使用，并要签订书面质押合同。

　　（3）专利的权利归属风险。专利权有职务专利和合作专利。一是专利权归发明人所有；二是专利权归发明人的工作单位或雇主所有；三是两个以上自然人共享专利权。权利归属不清，往往引发合作纠纷，也就必然影响专利权的质押效力。

　　2. 专利价值难以确定的风险

　　现有的知识产权评估方法都不能对知识产权的经济价值得出有效的公允结论。专利价值影响因素很多，如专利本身技术含量；是否形成产能；专利产品与用途相似产品在价格、成本、性能等的优势；市场情况；推广情况等。主要影响因素是技术因素、产业化形成情况。从技术因素看，一是许多专利技术仅是一个有实施可能的构思或方案，不一定能够实现产业化。二是我国对发明专利审查严格，技术的先进性比较可靠；但对实用新型和外观设计采取形式审查制，有时会导致授权专利技术不具有先进性。三是专利法规定的先进性时间起点是申请日，但申请日到授权日需要经过很长一段时间，原本先进的技术到公告时未必还有先进性。因此获得专利权的技术先进性会随着方案是否成熟、时间的推移、审查方式发生很大变化。四是该专利技术是否有替代技术，或者有更新的技术，如果有比该专利更具新颖性的专利，那么该专利的价值就比较低。五是评估的专利是否为从属专利，即专利的实施依赖于其他专利，如果属于从属专利，那么，虽然并不一定影响专利的价值，但对专利实施具有很大的影响。

　　从专利产业化看，既有从潜在知识形态转化为现实实物形态的技术转变，又有技术从商业化发展至产业化的完整过程，必然涉及复杂的技术、经济、法律关系，自然存在专利价值的不确定性。其不确定性是专利技术开发和产业化过程中存在的风险所导致的难以预期的变化。除此之外，在专利权质押期间，第三人侵犯也会影响专利的价值。专利权是一种财产权，若第三人侵害到设质的专利权时，自然已经损害了质权人的利益，根据担保物权理论，质权人应有权向第三侵权人追索。如果此种情形下，质权人无追索权，在侵权行为发生后，专利权人又消极地不行使追索权，无疑会降低质权的价值，给质权人债权的实现造成潜在的威胁。

3. 专利变现难的风险

知识产权资产对于知识产权企业来说，是关系企业兴衰的关键因素，能够给企业带来附加的利润，但这些附加值都是在不断的使用中产生的，而对于其他人甚至是竞争者来说，都不一定适用。一旦贷款逾期，银行首先考虑质押专利的变现问题。变现既需要市场又需要价格，有价无市或有市低价都影响专利变现。此时，专利价值面临最有效的考验。虽然变卖专利还贷已经是贷款操作的失败，但还是要想到这一步。目前，虽然各省市都设立了知识产权交易中心，但是交易不够活跃，多数企业对专利的认知度不高，因此，即使有比较充足的专利资源，交易量也严重偏低，尤其是内陆省份。可见，一旦专利质押贷款失败，银行依靠专利变现来偿还贷款无疑是十分困难的。

4. 权属与质权受侵害的维权风险

作为质押物的知识产权，一旦因权利人本人或他人的原因而失去法律的认可；如专利权因未交年费或授权期届满而失效，或专利权取得后又因他人的异议而被撤销等，此时的知识产权将毫无担保价值。当质押质权受到侵害时，质权人如何向侵权人行使追索权，《物权法》第211条规定，知识产权质押也禁止留质契约，以知识产权出质的，权利主体并未改变。当质押的知识产权遭受侵害时，如果出质人态度消极，质权人应该代位行使追索权，以维护自身利益。质权人行使代位权，虽不需要出质人委托，但损失赔偿的实现必须通过出质人。尽管质权人有权要求提前清偿所担保的债权或要求提存，但出质人履行情况是维权成功与否的关键所在。

（二）专利权质押贷款风险评估模型的构建

专利权质押贷款业务在我国刚刚起步，对有关风险的评估还缺乏有效的方法。笔者通过对质押风险系数的判断，建立专利权贷款风险度模型。质押风险系数，是指在专利权质押情形下，其他各种非货币因素对用于质押的专利权评估价值的综合影响程度的指标。贷款风险度，是对影响贷款安全的各个因素通过量化，并给出系数值作为衡量

表 5 - 3　　　　　　　　　专利权质押贷款风险防范框架

风险类型			风险防范措施
贷前风险	估值风险	可转让性风险	银行配备资产评估团队；银行指定资产评估机构；明确基本授信条件
		市场化风险	
		评估人主观判断风险	
		权利人的道德风险	银行配备法律服务团队；明确基本授信条件
		强制许可风险	
	法律风险	权属争议风险	银行配备法律服务团队；设定质押物的准入条件；明确基本授信条件
		国家授权风险	
		侵权风险	
		授权和转让争议风险	
		质押登记风险	
贷中风险	估值风险	替代技术风险	风险跟踪
		强制许可风险	
		因经营使用而贬值风险	
	法律风险	国家授权风险	
		侵权风险	
		授权和转让争议风险	
贷后风险	处置变现风险		政策担保机制；保险机制；政府补偿机制；评估风险担保机制；设计信贷资产类理财产品

贷款资产风险程度的尺度的指标。贷款风险度通常大于 0 小于 1。贷款风险度越大，说明贷款本息按期收回的可能性越小；贷款风险度越小，说明贷款本息按期收回的可能性越大。基本模型是：

贷款风险度 = 贷款方式风险系数 × 企业信用等级风险系数

由于专利权质押贷款是贷款的一种方式，以下模型可以适用于质押的专利权的风险评估：

专利权质押贷款风险度 = 质押风险系数 × 企业信用等级风险系数

1. 专利权质押风险系数的确定

（1）收集与质押专利权相关的数据资料。银行或中介评估机构可以通过质押企业提供、专利权管理机构调查、网上查询、专家咨询等方法，收集并鉴定与质押的专利权相关的数据资料。这些资料包括：质押专利权自身状况，如法律因素、技术因素、环境因素等；所属行业和企业状况，如所属行业的现状及前景、企业信用等级、生产经营能力、发展能力、管理水平、获得专利权的成本及消化能力、经济周期、政策偏好等；评估操作状况，如专业胜任能力、法律意识、道德风险水平，处置程序、成本等。

（2）估算质押专利权正常条件下的价值。分析收益法、市场法和成本法三种资产评估基本方法的适用性，恰当选择一种或多种资产评估方法。银行委托评估中介机构，依据用于质押专利权的实际情况和所处的环境以及三种不同的评估方法，运用恰当的评估方法进行估算。

（3）估算确定专利权质押风险系数。首先，确定质押风险系数影响指标，建立评价指标体系，确定取值范围。确定质押风险系数的关键是要对用于质押的各种专利权价值影响因素进行判断，明确这些因素对其影响的程度，评估质押系数的大小。这就要求对所收集的专利权相关数据资料进行判断、分析，找出重要的、有直接影响的因素。可以通过构建指标体系来表述、量化这些因素。在选用指标时，遵循规范性、客观性、相关性、可操作性原则，以保证样本的可靠性。在具体的评估实务中要具体问题具体分析，考虑评估成本和风险，根据评估人员的职业判断，有重点地选取所需评估指标。

其次，分析、研判指标，确定指标权重。不同的因素对于最后结果的影响是不同的，因此赋予的权重也不一样。根据权重来评价对象的影响程度，更有利于最终结果的公允和合理。指标确定后，根据指标的重要性和风险大小来确定权重。

第一，专利权自身因素指标

专利权自身因素带来的风险，主要来自法律和技术两个方面。

法律风险因素主要涉及对用于质押的专利权所属类型、保护范围、有效期、权利状态等事项的确认。有关事项在相关专利权法律法规中有明确规定。企业用于质押的专利权证书等资质证据容易得到，且容易鉴别真伪。因此，质押专利权的法律风险很小。评估时，对该

表 5 - 4　　　　　　　　专利权质押风险系数影响指标体系

一级指标	二级指标（子目）	三级指标（细目）
专利权自身因素	法律因素	所属类型、保护范围、有效期、地域性、权利状态等
	技术因素	技术领域、成熟程度、先进性和创新性、实用性、技术转移、寿命周期与技术替代、相关配套技术等
环境因素	市场环境因素	过去的交易及现状、市场容量、市场占有率、市场增长率、市场竞争状况、市场前景等
	宏观经济环境因素	经济增长与经济周期的阶段、通货膨胀高低、利率和汇率水平等
	宏观政策环境因素	（财政、货币、收入等）政策的导向、偏好、选择、运用等
行业和企业因素		所属行业的现状及前景；企业信用等级、生产经营能力、发展能力、管理水平、获得专利权的成本、消化能力等
评估操作因素		（银行信贷人员、中介评估机构人员）的专业胜任能力、法律意识、道德风险水平，处置程序、成本等

类风险分值可以设置得低一些，权重也相应地设置得较小。指标定义为 E_{1A}。技术风险因素是评估专利权自身风险的重要指标，主要是对用于评估质押的专利权在技术领域、成熟程度、先进性和创新性、技术转移、寿命周期与技术替代、相关配套技术等事项确认的不确定性所带来的风险。上述事项在相关法律法规中只有原则性规定，有的根本未涉及。未知的事项、不确定的情形、信息的不对称，使得专利权评估存在很高的技术性风险，要求评估人员要具有较高的专业胜任能力。根据谨慎性原则，对该类风险分值可以设置得较高一些，权重也相应地设置得较大。指标定义为 E_{1B}。专利权自身因素带来的质押风险系数 E_1，可以根据如下公式计算：

$$E_1 = \sum_{j=1}^{n} x_{1j} y_{1j}$$

式中，y_{1j} 为专利权自身因素的指标取值；x_{1j} 为专利权自身因素的指标权重。

第二，环境因素指标

环境因素会对专利权价值产生重要影响，包括市场环境因素、宏观环境因素。

市场环境因素是评估专利权质押风险时要重点考虑的一个因素，银行和评估人员应主要关注以下指标：一是过去的评估交易记录。收集质押专利权过去的评估交易记录资料，结合本次评估的情况，给出相应的分值和权重。指标定义为 $E_{2A(1)}$。二是现在的状情。相关评估人员要进行市场调查，主要关注质押专利权现时或近期的市场容量、市场占有率、市场增长率、市场竞争状况等指标数据。另外，还要了解类似专利权同类指标的信息，进行横向比较。指标定义为 $E_{2A(2)}$。三是专利权市场前景。质押专利权的发展前景也是评估的一个重要因素。相关评估人员可以根据收益法对专利权未来超额收益进行预测。超额收益一般会随着生产、应用规模的扩大而增加。但是，这种规模的扩大要受到市场的发育程度和容量的限制，这是评估人员在预测时必须要考虑的。指标定义为 $E_{2A(3)}$。

宏观环境因素包括宏观经济环境因素、宏观政策环境因素。这些因素不仅对拥有专利权的企业的生产经营前景有很大影响，同时对其专利权的市场前景也有很大影响。评估人员要对可能影响专利权价值的宏观经济环境因素如经济增长与经济周期的阶段、通货膨胀高低、利率和汇率水平等进行分析判断，得出基本的预测结论，进而对被评估的专利权未来的前景进行风险评估，确定相应的分值和权重。指标定义为 $E_{2B(1)}$。宏观政策的导向、偏好、选择、运用，直接关系到企业的生死存亡，也直接关系到其专利权的命运。因此，要对当前宏观政策如产业政策、财政政策、货币政策等进行研究判断，分析其走势。指标定义为 $E_{2B(2)}$。

$$E_2 = \sum_{j=1}^{n} x_{2j} y_{2j}$$

式中，y_{2j} 为环境因素的指标取值；x_{2j} 为环境因素的指标权重。

第三，行业和企业因素

行业的形成历史、目前状况、发展前景会影响行业中专利权作用的发挥，从而对专利权的价值产生影响。企业开发或购置专利权在于其能产生超额收益，而专利权超额收益只有在企业正常生产经营的过程中才能产生。所以，要对用于质押的专利权所属行业、所在企业的现状及前景、企业信用等级、生产经营能力、发展能力、管理水平、获得专利权的成本、消化能力等指标进行调查分析和判断。企业生产经营顺利，能够按时归还银行贷款，哪怕用于质押的专利权风险本身再大，银行也能接受。评估时，赋予最高的风险分值和权重。指标定义为 E_3。

$$E_3 = \sum_{j=1}^{n} x_{3j} y_{3j}$$

式中，y_{3j} 为行业和企业因素的指标取值；x_{3j} 为行业和企业因素的指标权重。

第四，评估操作因素

除了上述客观因素，用于质押的专利权也存在主观因素风险，就是银行信贷人员、中介评估机构人员控制风险。专业胜任能力不够、经验不足是造成评估人员控制风险的主要因素，法律意识、道德水平等因素加大了这一风险。对此，赋予较高的风险分值和权重。指标定义为 E_4。

$$E_4 = \sum_{j=1}^{n} x_{4j} y_{4j}$$

式中，y_{4j} 为评估操作因素的指标取值；x_{4j} 为评估操作因素的指标权重。

最后，汇总、计算各个指标得分，构建综合评价模型。根据加权平均法，构建质押风险系数计算综合评价模型如下：

$$E_5 = \sum_{j=1}^{n} x_i \sum_{j=1}^{n} x_{ij} y_{ij}$$

式中，E_5 为质押风险系数；x_i 为第 i 个影响因素的权重；y_{ij} 为第 i 个影响因素中第 j 个指标的取值；x_{ij} 为第 i 个影响因素中第 j 个指标的权重。

2. 企业信用等级风险系数的确定

企业信用等级通常是指通过对企业的信用、品质、偿债能力以及资本等指标级别的界定，来评判企业未来偿还债务能力及偿债意愿可能性的级别结果。一般情况下，企业信用等级的影响因素包括以下几个方面：（1）管理者素质，主要包括经历、学历、业绩、能力等；（2）经济实力，主要包括实有净资产、人均实有净资产、有形长期资产等；（3）资本结构，主要包括资产负债率、债权股权比率、流动比率、速动比率等；（4）经营效益，主要包括应收账款周转率、存货周转率、资产利润率等；（5）信誉状况，主要包括贷款质量、贷款付息、存贷款占比等；（6）发展前景，主要包括销售增长率、资本增值率、新产品开发能力、市场环境和预期变化等。

对于企业信用等级的评估，我国各家商业银行在国际通行的"四等十级制"评级等级（具体等级分为：AAA，AA，A，BBB，BB，B，CCC，CC，C，D）的基础上，根据各自的体制特征、经营理念、承受风险的能力，确立了本行的企业信用等级划分标准。这个标准是动态的，在通常情况下，商业银行对开户企业的信用等级每年都要进行一次重新评定，按照所列项目和标准，计算分值并归为相应的类别。

企业信用等级风险系数的确定：（1）根据本行的企业信用等级划分标准，确定用专利权质押企业的信用等级；（2）商业银行根据所确立等级的已设置的各项指标特征，运用定性、定量的方法，赋予指标不同的风险权重；（3）根据已设置的各项指标的参考分值乘以指标相应的权重，得出企业信用等级风险系数。计算公式如下：

$$E_6 = \sum_{j=1}^{n} x_{6j} y_{6j}$$

式中，y_{6j} 为企业信用等级的指标取值；x_{6j} 为企业信用等级的指标权重。

综上所述，可以得到银行专利权质押贷款风险度 E 的计算模型：

$$E = \sum_{j=1}^{n} x_i \sum_{j=1}^{n} x_{ij} y_{ij} \sum_{j=1}^{n} x_{6j} y_{6j}$$

（三）专利权质押的风险防范

开展专利质押贷款并防范风险是一项系统工程，既要积极推动业务开展，又要防范风险。

1. 制定并实施严格的质押物准入规定

规定中要包括条件和程序。条件应包括：质物必须产权明晰，适于办理质押登记，符合上市交易规定，且易于变现；出质人必须将质物全部、完整用于贷款质押担保；以第三方专利权设定质押的，第三方权利人须出具书面的、合法有效的证明文件和同意质押的书面文件；质物所有权属于共有的，须提供共有权利人同意质押的合法有效的书面文件；质物需经权威评估机构进行价值评估，且以评估机构评估价值与市场公允价值较低者为确定质物价值之依据；质物的评估、律师、保险、公证、登记等各项费用均由借款人承担等。程序上引入政府帮助机制，由政府搭建专利融资平台，如武汉市知识产权局与交通银行湖北省分行共同签署《知识产权质押融资战略合作协议》，交通银行将在五年内为本市中小企业提供共计 10 亿元的知识产权质押融资授信额度，以促进武汉市知识产权融资的规模化，支持更多拥有专利等自主知识产权优势的科技型中小型企业加快发展。市知识产权局将成长性良好的优质科技型企业优先推荐给交通银行，并提供融资过程中所需的资产评估、法律状态确认、办理质押合同登记、风险处置等方面的咨询和服务。

2. 明确基本授信条件

由于专利权质押贷款是一种高风险产品，银行必须对授信条件作出严格规定。可质押的专利应该仅限于发明和实用新型两种，通常情况下发明专利价值高于实用新型，因此贷款质押率要做区别规定，如交通银行规定：

（1）贷款额度最高不超过人民币 1000 万元；当企业贷款申请额度超过限额时，超出部分应追加其他方式的担保；

（2）贷款期限一般为 1 年，最长不超过 3 年，且不得办理展期；

（3）按照评估价值，发明专利质押率≤40%，实用新型专利质押率≤20%，外观设计专利质押的不超过专利权评估价值的10%；

（4）贷款利率上采用风险定价机制，在基准利率基础上可上浮10%。

3. 引入权威的资产评估公司和律师事务所介入贷款准入条件的审核

从审核步骤和内容看，第一步，由申请贷款企业做委托方，聘请银行指定的资产评估公司和律师事务所，并提供评估所需资料。第二步，资产评估机构和律师事务所分别对贷款企业、贷款项目和出质专利进行调研、评估，审查出质专利的类型、合法性、有效性。对于专利权人可能会不支付专利年费或者自行到知识产权局声明放弃专利权而导致该专利无效的问题，可以在协议中进行专门的约定，来约束专利权人的这种行为。第三步，向委托方和银行提交评估报告。评估结果的公正性、准确性是银行能否采纳的一个关键因素。该做法既保证了银行实施贷款前对企业的充分调查，也保证了贷款后的适时管理。但是，申请贷款企业需要负担评估、律师等各项中介费用，其综合费率一般在贷款金额的10%左右，这对小企业也是一笔不小的财务负担。如果处理不好，会影响企业贷款的积极性。

4. 建立合理的政府补偿机制

政府为推进知识产权质押贷款创新建立起相应的补偿机制，是政府支持企业自主创新的重要职能，是不可缺少的服务。2007年，北京市知识产权局与北京市财政局联合印发了《中关村国家知识产权制度示范园区知识产权专项资金使用管理办法》。《办法》规定，对于符合条件的高新技术企业实行知识产权质押贷款贴息政策，即在银行取得知识产权质押贷款的企业，其项目按照当年所需支付利息的50%予以补贴，每个企业每年贴息额度不超过20万元。另外，北京市政府有关部门还设立专项风险资金，化解银行贷款风险，扶持中介机构，以支持银行为中小企业质押无形资产放贷，为金融机构营造一个良好的融资环境，让银行在承受高风险的同时也享有高回报。

5. 引入专业担保公司降低贷款风险

引入担保公司担保，改变了质权人，即由银行做质权人转变为担保公司，换言之，由担保公司为企业贷款提供担保，再由企业把专利权抵押给担保公司作反担保。这样，银行专利质押贷款风险转嫁给了担保公司。担保公司需要通过对企业经营情况和财务状况进行全方位的调查和评估，并依据专业权威的评估结果进行担保。专业担保公司的介入，降低了银行贷款风险。

6. 引入知识产权交易平台

建立和完善知识产权交易市场，是推进知识产权质押创新的前提条件。我国现有产权交易机构 200 多家，具有比较便捷的交易方式、产权登记及变动模式。对知识产权质押贷款业务中形成逾期贷款的质权标的，如何在知识产权市场及时变现，一是建议国家知识产权局尽快建立全国的知识产权交易网络，扩大信息范围，实现网上交易，有效解决无形资产变现问题；二是知识产权交易可以采取竞价转让、协议转让和其他法定方式进行，如北京知识产权交易所采取挂牌公开拍卖，既可及时实现产权转移，也有利于促使专利价值放大，最大限度地为质押专利权实现保值、增值。

7. 规范评估机构及评估制度

政府有关部门应加快制定《无形资产评估管理细则》，健全评估制度、完善评估管理、规范评估审查、公开评估程序、明确评估责任、保障结果公正。对知识产权价值的正确评估，既能鼓励企业的自主创新，又能为银行贷款提供风险评估的真实依据。评估内容要逐步实现标准化，不仅包括企业经营状况、信誉状况、产权状况、经营者素质状况及质押物资产价值，还包括企业法人乃至高层管理人员的信用状况。评估不仅确认质押专利的现实价值，而且要考察其未来价值变化的可能性。同时针对评估主体，建立严格的责任制度和评估人员过错责任赔偿制度，以保证评估质量。

8. 建立完善省级再担保机构

当前的重点应是建立完善省级再担保机构，为专利产权质押提供再担保服务。该机构应当是非政策性的担保机构，必须实行法人化管理、市场化操作，以保本微利为原则，强化风险管理和风险监控。具体而言，省级再担保机构重点考察的应当是担保资金的风险和利用率问题，对担保项目的选择应当以市场为标准而非政策性支持，在操作上可以效仿我国台湾地区"批次信用保证"的方式，从担保总额上进行风险控制。而市级以下的信用担保机构可以充分发挥"一体两翼三层"体系的优势，结合商业性担保和互助担保为知识产权质押贷款服务。在这样的体系下，省市县一级的担保公司可以根据湖南科技发展规范方向有选择地支持一些发展前景较好的企业，也可以从支持科技型中小企业发展的角度出发，对另一些成立时间短、企业规模小的初创型企业提供担保。由于有省级再担保机构统筹协调，知识产权融资担保的基数的扩大可以有效降低地市一级信用担保机构的风险，其对专利权质押贷款担保的信心将得到极大的增强，从而突破目前专利权质押贷款主要是政策性支持的局限性。

9. 完善风险分担机制

省级再担保机构的参与并不意味着风险全部由省财政承担，而是要在此基础上建立贷款银行与信用担保机构之间的风险分担机制。之前由于信用担保公司的担保实力得不到保证，所以贷款银行往往将风险全部置于信用担保公司身上，最终形成一种恶性循环，制约了该业务的发展。引入省级再担保机制之后，担保实力得到了保证，因此贷款银行必须分担专利权质押贷款所带来的风险。具体做法可以是贷款银行对省级再担保机构按比例注资或投保，各参与业务银行应当是省级再担保机构的投资人或股东，这样从源头上支持该机构的建立和运营，就能真正调动各地商业银行积极参与专利权质押贷款业务的积极性。

四 专利权质押贷款相关政策支持及保障措施

本模式在实施过程中亦会遇到一些难点和制约因素，主要在于政府设立差别化风险补偿资金，银行实行承诺快捷程序，构建绿色通道责任风险主体责任化解等。

（一）政府设立差别化风险补偿资金

（1）设立动态化的担保风险补偿资金。根据财政资金年度预算的确定性和全省中小企业融资担保业务量的不确定性，根据担保项目设置动态化的担保风险补偿资金。补偿资金全部来源于财政拨款，且省级财政承担60%，市级财政承担30%，区县财政按10%配套。对于重点担保业务补助，包括战略性新兴产业、科技孵化器内企业、大学生自主创业企业等特定行业和对象进行担保的符合补助条件的担保业务。由政府相关部门为达到专利质押融资准入条件的高新技术企业设立专项风险基金，当金融机构发放专利质押贷款到期后企业未能还款，担保机构代为清偿后，其损失最终可由政府预算拨款给予补偿，设置分档补偿率，根据担保机构的担保业务收入占总收入比例的不同而确定。当年担保业务收入占总收入比例在80%及以上，分档补偿率为100%；70%—80%，分档补偿率为90%；60%—70%，分档补偿率为80%；50%—60%，分档补偿率为70%。

（2）设立多样化的贷款风险补偿资金。从奖励性角度出发，增加银行对专利质押贷款的积极性，根据专利的种类和性质制定多样化的贷款风险补偿资金。补偿资金来源中，省级财政资金占70%，省级政府基金收入占20%，其他则由入池企业承诺缴纳、相关罚款收入、协会会费收入、社会捐赠等资金组成。对于重点贷款业务补助，包括战略性新兴产业、科技孵化器内企业、大学生自主创业企业等特定行业和对象进行贷款的符合补助条件的贷款业务。政府部门设立专项奖励基金，奖励为知识产权质押贷款的开展做出贡献的银行，奖励金额不少于100万元，对银行进行直接的"风险补偿"，降低银行的风险。

（二）银行实行承诺快捷程序构建绿色通道

（1）建立银行快捷服务承诺制。银行内部的相关部门把应提供的服务以承诺书的形式记载下来并对入池企业予以公布，接受企业的监督和服务管理部门的核查。在业务授权、费用配置、人员调配、绩效考核等方面增大对属于战略性新兴产业范畴的中小科技创新公司专利权质押的资源配置力度，提高"关键时刻"对企业的响应能力。在服务产品、载体的选择上和配置上，考虑人性化的配套服务，满足一些企业个性化和情感上的需求；在执行标准定价的同时，配套实施浮动定价。

（2）完善专利权质押贷款流程管理。对入池企业银行必须完善流程管理，一是实行贷款流程的标准化。实行"看板作业"，保证银行的所有机构服务提供的"一致性"，对每个一线员工都要有明确的专业分工，在处理批量业务和定制业务时，通过制定不同的模块，使服务达到标准化。二是实行贷款流程的集中化。主要体现在：前台业务受理的集中化，后台业务处理的集中化；企业服务的集中化和支持保障的集中化。三是实行贷款流程差异化。在设计业务流程时，应满足差别化和定制化服务的需要，按照业务、产品、客户风险度和客户的贡献度以及管理层级的不同，设计不同的流程。实行快捷办理，从而提高办理效率。

（3）完善贷款的平台运用。一是构建统一的专利权质押贷款电子银行业务视图。注意增加"应急化""碎片化"产品功能，搞好电子银行客户信息在不同渠道的共享共用，最终形成覆盖企业、机构和社会的综合性移动金融平台。二是以方便快捷为目标，加快电子银行创新。通过有效宣传，制定简单明了的产品使用手册，使相关企业了解商业银行电子银行业务的优势和安全保障性，愿意使用该类业务。三是通过平台资源，建立统一的服务支持平台，解决企业终端与银行网络，企业 U 盾与电脑系统不匹配的问题，优化使用环境，使客户能快捷使用。要通过现场引导、在线服务和上门服务的方式，对企业使用电子银行业务进行系统辅导，排解困难。

（三）责任风险主体责任化解

（1）明确责任风险主体责任。根据"共同而有区别的责任"来进行主体治理责任的分配。在地方专利权质押贷款的风险治理中，政府治理意愿强且治理能力强，应该承担风险治理的核心责任。中央政府应该通过制度建设和改革硬化融资约束、软化融资激励，确定良性的责任向导。地方政府应提升财政能力，建立地方融资平台信息披露制度，定期披露相关信息有利于避免责任不明而导致的有组织不负责任后果，考评并规范融资平台，建立健全债务风险预警系统，及时准确地预测风险，避免财政危机的发生。银行和融资平台风险治理意愿强但风险治理能力较弱，因此这两个风险治理的直接责任主体，应发挥积极性，强化自律，完善机制与内部治理。中小企业科技创新治理意愿和治理能力都较弱，难以对平台风险治理施加影响。因此要参与到贷款决策和风险防范的全过程，借助银行、担保机构和行业协会实现与其他责任主体特别是政府的双向交流，真正使其提高责任意识，提升防范治理融资风险的实际效果。

（2）完善风险分担机制。省级再担保机构的参与并不意味着风险全部由省财政承担，而是要在此基础上建立贷款银行与信用担保机构之间的风险分担机制。之前由于信用担保公司的担保实力得不到保证，所以贷款银行往往将风险全部置于信用担保公司身上，最终形成一种恶性循环，制约了该业务的发展。引入省级再担保机制之后，担保实力得到了保证，因此贷款银行必须分担专利权质押贷款所带来的风险。具体做法可以是贷款银行对省级再担保机构按比例注资或投保，各参与业务银行应当是省级再担保机构的投资人或股东，这样从源头上支持该机构的建立和运营，就能真正调动各地商业银行积极参与专利权质押贷款业务的积极性。

（四）其他相关保障措施

（1）引入权威的资产评估公司和律师事务所。从审核程序和内容看，首先，由进入企业池的申贷企业作为委托方，聘请政府担保公司指定的资产评估公司和律师事务所，并提供尽责评估所必需的材料。其次，资产评估机构和律师事务所分别对申贷企业、贷款项目和出质专利进行尽职调研与尽责评估，审查出质专利的种类、法理性、期限性。所产生的费用由知识产权局或其他政府制定部门统一支付。最后，向委托方和银行提交评估报告。评估结果的客观性、正确性是供银行进行参考的重要因素之一。该做法既保证了政府、担保公司、银行实施贷款前对企业的充分调查，也保证了贷款后的追踪监督。

（2）加快建立完善专利权交易平台。建立和完善专利权交易市场，是推进专利权质押贷款模式创新的前提条件。我国现有产权交易机构200多家，具有比较便捷的交易方式、产权登记及变动模式。国家专利局应在各地市的经验基础上，尽快制定出台包括产权交易的主体资格、交易程序、知识产权交易的中介服务机构、对知识产权交易的促进和保障措施以及法律责任在内的专利权交易法规。① 一是国家知识产权局应尽快建立全国的专利权交易网络，扩大信息范围，实现网上交易，有效解决无形资产变现问题。各省也应该成立类似机构，并实现共建共享。二是专利权交易可以在全国或区域内采取竞争转让、协议转让和其他法定方式进行，可以采取招拍挂公开拍卖，既可及时实现专利权转移，也有利于促使专利价值放大，最大限度地为质押专利权实现保值、增值，把风险降至最低程度。

---

① 杜蓓蕾：《知识产权质押制度研究》，硕士学位论文，上海大学，2005年。

附　　表

附表1　　　　广东省2008—2015年各地区专利申请状况　　　单位：件

地区	2008 年	2009 年	2010 年	2011 年	2012 年	2013 年	2014 年	2015 年
广州市	13990	16530	20803	28097	33387	39751	46312	63295
深圳市	36261	42292	49422	63522	73109	80657	82255	105499
珠海市	2244	2778	3554	5594	7097	8017	8998	11334
汕头市	4822	6678	9592	12671	10388	11000	9097	9827
韶关市	407	514	930	1245	1814	2266	2354	3101
河源市	309	245	422	489	570	1098	853	1511
梅州市	326	485	575	988	1145	1686	2272	3133
惠州市	1160	1761	2889	6029	9894	15168	18359	21408
汕尾市	164	283	294	342	760	1176	595	923
东莞市	14406	19106	21654	24454	29199	29012	28431	38094
中山市	6901	8699	12032	14135	18401	21818	24618	27863
江门市	4187	4916	5845	7697	8166	8439	8348	9524
佛山市	13569	15341	17852	20373	22604	27199	29707	39796
阳江市	957	1102	1252	1332	1257	1499	1373	1724
湛江市	646	839	816	1052	1152	1488	2095	3235
茂名市	391	497	603	908	1596	2530	2669	3538
肇庆市	419	551	759	1466	1551	1777	1781	2344
清远市	180	242	465	807	750	838	882	1569
潮州市	1735	1892	1847	3038	3528	4564	3474	3450
揭阳市	648	746	1035	1683	2529	3578	3099	3726
云浮市	151	172	240	351	506	569	673	916
校正值	10	4	26	2	111	135	106	129
全省	103883	125673	152907	196275	229514	264265	278351	355939

附表 2 　　　　　广东省**2008—2015**年各地区专利授权状况　　　单位：件

地区	2008 年	2009 年	2010 年	2011 年	2012 年	2013 年	2014 年	2015 年
广州市	8081	11095	15091	18346	21997	26156	28138	39834
深圳市	18825	25910	34952	39363	48861	49766	53681	72119
珠海市	1797	2008	2768	3690	4936	4805	6258	6790
汕头市	2927	3692	5718	4371	6583	6833	6470	7651
韶关市	265	316	558	668	1431	1438	1584	2107
河源市	115	233	196	372	326	521	569	1017
梅州市	207	277	531	692	915	1266	1609	2985
惠州市	1011	985	1628	2917	4093	5914	7396	9797
汕尾市	139	152	253	227	502	818	458	652
东莞市	8093	12918	20397	19352	20900	22595	20336	26820
中山市	4342	5076	8538	10027	10878	14220	15049	22198
江门市	2360	3450	5418	5309	5270	5346	5538	6386
佛山市	10677	12866	16950	16340	17818	19626	21713	27530
阳江市	661	935	1218	855	912	1180	1135	1437
湛江市	376	507	765	747	901	1088	1294	2486
茂名市	218	241	322	396	694	1089	1179	1991
肇庆市	269	329	550	889	1173	1288	1449	1726
清远市	149	150	416	397	669	609	630	832
潮州市	914	1670	2065	1877	2402	2957	2842	3303
揭阳市	450	668	765	1340	1913	2397	2072	2807
云浮市	97	139	190	235	369	461	480	645
校正值	58	3	57	3	55	57	73	63
全省	62031	83621	119346	128413	200000	170430	179953	241176

附表 3 　　　　　江苏省**2008—2015**年各地专利授权状况　　　单位：件

地区	2008 年	2009 年	2010 年	2011 年	2012 年	2013 年	2014 年	2015 年
南京市	4787	6629	9129	12404	18561	19484	22844	28104
无锡市	4784	9364	26448	34077	51442	39828	27937	34776
徐州市	1742	2863	4928	6821	10000	10647	8468	8599

续表

地区	2008 年	2009 年	2010 年	2011 年	2012 年	2013 年	2014 年	2015 年
常州市	2536	4885	9093	11390	15379	18207	18152	21585
苏州市	18270	39288	46109	77281	98430	81666	54709	62263
南通市	4102	10722	22644	31335	36245	22086	12391	25970
连云港	342	890	1274	2042	3940	4410	6341	5144
淮安市	445	1011	1170	1984	3140	4573	6663	9365
盐城市	1223	1928	2499	3234	4964	4718	4549	7840
扬州市	2003	2524	3790	5344	8091	11416	11843	13948
镇江市	2581	4079	6562	7404	9235	9809	12707	14140
泰州市	1522	2785	4198	5606	8414	8309	9118	13383
宿迁市	185	269	509	884	2095	4488	4306	5151
其他	73	53	29	8	8	4	4	22
全省	44595	87286	138382	199814	269944	239645	200032	250290

附表 4　　江苏省 2008—2015 年各地发明专利授权状况　　单位：件

地区	2008 年	2009 年	2010 年	2011 年	2012 年	2013 年	2014 年	2015 年
南京市	1490	2083	2484	3452	4404	4729	5265	8244
无锡市	426	728	1147	1821	2512	2713	2801	5480
徐州市	103	126	166	299	462	567	676	1304
常州市	232	393	559	744	1188	1173	1696	2664
苏州市	645	1030	1370	2492	4387	4413	5264	10488
南通市	122	159	294	508	706	746	932	2217
连云港	54	71	100	152	218	290	273	436
淮安市	67	142	145	224	276	278	326	335
盐城市	45	90	119	160	237	283	270	463
扬州市	106	167	214	284	482	406	467	754
镇江市	137	206	405	597	964	874	1274	2799
泰州市	62	101	171	256	351	248	340	635
宿迁市	6	13	31	50	55	70	87	194
其他	13	13	5	4	0	0	0	2
全省	3508	5322	7210	11043	16242	16790	19671	36015

附表5　　　　湖南省 2008—2015 年各市州历年专利申请数　　　单位：件

地区	2008 年	2009 年	2010 年	2011 年	2012 年	2013 年	2014 年	2015 年
长沙市	6314	6182	9071	13122	14975	15958	17763	21999
株洲市	1476	1900	2276	3096	3627	4461	5363	6034
湘潭市	1410	1511	1896	2386	3308	3738	3327	3775
衡阳市	415	915	1270	1487	2223	2788	3069	4665
邵阳市	773	750	951	1129	1218	1535	1657	2334
岳阳市	548	686	945	1338	1657	1874	1824	2172
常德市	467	612	1234	1421	1788	1996	1995	2267
张家界	129	115	201	199	278	402	436	486
益阳市	415	558	700	1117	1447	1758	2123	2772
郴州市	566	750	915	1192	1529	1784	1635	1835
永州市	382	503	867	1152	1446	1942	2194	2387
怀化市	233	255	661	460	585	813	781	999
娄底市	688	920	1071	1037	1147	1660	1223	1617
湘西州	187	283	323	380	481	622	793	1144
其他	13	9	0			5	11	15
总合计	14016	15949	22381	29516	35709	41336	44194	54501

附表6　　　　湖南省 2008—2015 年各市州历年发明专利申请数　　　单位：件

地区	2008 年	2009 年	2010 年	2011 年	2012 年	2013 年	2014 年	2015 年
长沙市	3721	2545	3670	5161	5885	6424	7451	9393
株洲市	302	341	470	766	888	1212	1545	1873
湘潭市	221	314	452	576	598	906	1221	1510
衡阳市	101	152	246	279	387	693	999	2169
邵阳市	98	111	115	150	175	188	243	338
岳阳市	119	156	216	318	300	379	344	434
常德市	120	147	215	284	373	508	665	795
张家界	16	31	66	55	89	111	152	180
益阳市	95	84	133	216	224	231	288	617
郴州市	90	122	195	264	254	294	367	459
永州市	104	162	248	326	371	460	523	710

续表

地区	2008 年	2009 年	2010 年	2011 年	2012 年	2013 年	2014 年	2015 年
怀化市	59	47	75	136	138	130	192	238
娄底市	247	150	270	168	197	235	227	330
湘西州	41	54	67	75	95	165	254	448
其他	1	1	0			2	3	5
总合计	5335	4417	6438	8774	9974	11938	14474	19499

附表 7　　湖南省 2008—2015 年各市州历年专利授权数　　单位：件

地区	2008 年	2009 年	2010 年	2011 年	2012 年	2013 年	2014 年	2015 年
长沙市	2807	3734	6209	6702	10382	10362	11449	14633
株洲市	751	1108	1680	1840	2636	2780	3306	4016
湘潭市	501	721	1113	1525	2144	1902	1883	2077
衡阳市	281	286	665	920	1043	1714	1547	2028
邵阳市	313	394	411	590	666	795	988	1518
岳阳市	228	365	560	881	1203	1164	1306	1594
常德市	294	314	772	900	1187	1213	1109	1583
张家界	36	68	84	98	140	140	156	319
益阳市	193	291	445	569	947	965	1049	1500
郴州市	211	314	457	546	748	937	1031	1194
永州市	146	149	293	503	642	822	1070	1075
怀化市	86	122	537	256	369	440	432	767
娄底市	242	266	459	540	873	811	893	1002
湘西州	39	119	188	194	232	345	415	765
其他	5	8	0			2	3	4
湖南省	6133	8259	13873	16064	23212	24392	26637	34075

附表 8　　湖南省 2008—2015 年各市州历年发明专利授权数　　单位：件

地区	2008 年	2009 年	2010 年	2011 年	2012 年	2013 年	2014 年	2015 年
长沙市	883	1261	1361	1765	2180	2328	2733	4225
株洲市	93	141	170	232	298	330	415	790
湘潭市	60	101	100	171	202	206	240	458

续表

地区	2008 年	2009 年	2010 年	2011 年	2012 年	2013 年	2014 年	2015 年
衡阳市	19	25	24	70	90	119	119	213
邵阳市	5	13	15	24	25	37	30	54
岳阳市	22	32	44	77	99	113	119	176
常德市	30	30	42	77	105	86	118	273
张家界	5	4	6	17	23	28	29	30
益阳市	8	23	30	49	69	69	65	110
郴州市	18	25	36	28	86	74	83	125
永州市	13	13	25	33	58	84	104	109
怀化市	4	13	22	16	45	62	26	35
娄底市	30	26	35	22	40	47	43	52
湘西州	3	18	10	26	33	29	36	126
其他	3	1	0			1	0	0
总合计	1196	1726	1920	2607	3353	3613	4160	6776

附表 9　　国内主要省市 2005—2014 年度专利申请授权状况　　单位：件

地区	2005 年	2006 年	2007 年	2008 年	2009 年	2010 年	2011 年	2012 年	2013 年	2014 年	年均增长率%
全国	171619	223860	301632	352406	501786	740620	883861	1163226	1228413	1209402	24.2
江苏省	13580	19352	31770	44438	87286	138382	199814	269944	239645	200032	34.8
浙江省	19056	30968	42069	52953	79945	114643	130190	188463	202350	188544	29.0
广东省	36894	43516	56451	62031	83621	119343	128413	153598	170430	179953	19.3
北京市	10100	11238	14954	17747	22921	33511	40888	50511	62671	74661	24.9
山东省	10745	15937	22821	26688	34513	51490	58844	75496	76976	72818	23.7
深圳市	8983	11494	15552	18805	25894	34951	39363	48791	49785	53701	22.0
上海市	12603	16602	24481	24468	34913	48215	47960	51508	48680	50488	16.7
安徽省	1938	2235	3413	4346	8594	16012	32681	43321	48849	48380	43.0
贵州省	925	1337	1727	1728	2084	32212	28446	42218	46171	47120	54.8
宁波市	3873	6056	8845	9882	15824	25971	37309	59175	58406	43286	30.8
福建省	5147	6412	7761	7937	11282	18063	21857	30497	37511	37857	24.8
杭州市	4065	5728	7564	9706	15465	26506	29075	40554	41511	33585	26.4

续表

地区	2005 年	2006 年	2007 年	2008 年	2009 年	2010 年	2011 年	2012 年	2013 年	2014 年	年均增长率%
河南省	3748	5242	6998	9133	11425	16539	19259	26791	29482	33366	27.5
成都市	3079	5133	7239	10342	16349	25981	21228	32533	33468	31935	29.7
湖北省	3860	4734	6616	8374	11357	17362	19035	24475	28760	28290	24.8
广州市	5720	6389	8526	8078	11082	15079	18339	22045	26192	28198	19.4
湖南省	3659	5608	5687	6133	8309	13873	16064	23212	24392	26637	24.7
天津市	3045	4159	5584	6790	7404	11006	13982	19782	24856	26351	27.1
四川省	4606	7138	9935	13369	20132	12080	15525	20364	24828	24312	20.3
南京市	2162	2890	3787	4816	6640	9150	12419	18584	19565	22910	30.0
甘肃省	547	832	1025	1047	1274	10034	11662	14908	20836	22820	51.4
河北省	3585	4131	5358	5496	6839	10061	11119	15315	18186	20132	21.1
辽宁省	6195	7399	9615	10665	12198	17093	19176	21223	21656	19525	13.6
西安市	1280	1772	2529	3285	4706	8037	9274	11862	16250	17495	33.7
武汉市	2382	2855	4044	5329	6853	10165	11588	13689	15901	16335	23.9
黑龙江	2906	3622	4303	4574	5079	6780	12236	20268	19819	15412	20.4
青岛市	2329	3115	3595	3311	4432	6796	9085	12721	13861	14184	22.2
江西省	1361	1536	2069	2295	2915	4349	5550	7985	9970	13831	29.4
济南市	2129	3108	4114	4567	6389	9595	11345	14264	12405	11760	20.9

知识产权政策文件

国家知识产权战略纲要
（国发〔2008〕18 号）

为提升我国知识产权创造、运用、保护和管理能力，建设创新型国家，实现全面建设小康社会目标，制定本纲要。

一　序言

（1）改革开放以来，我国经济社会持续快速发展，科学技术和文化创作取得长足进步，创新能力不断提升，知识在经济社会发展中的作用越来越突出。我国正站在新的历史起点上，大力开发和利用知识资源，对于转变经济发展方式，缓解资源环境约束，提升国家核心竞争力，满足人民群众日益增长的物质文化生活需要，具有重大战略意义。

（2）知识产权制度是开发和利用知识资源的基本制度。知识产权制度通过合理确定人们对于知识及其他信息的权利，调整人们在创造、运用知识和信息过程中产生的利益关系，激励创新，推动经济发展和社会进步。当今世界，随着知识经济和经济全球化深入发展，知识产权日益成为国家发展的战略性资源和国际竞争力的核心要素，成为建设创新型国家的重要支撑和掌握发展主动权的关键。国际社会更加重视知识产权，更加重视鼓励创新。发达国家以创新为主要动力推动经济发展，充分利用知识产权制度维护其竞争优势；发展中国家积极采取适应国情的知识产权政策措施，促进自身发展。

（3）经过多年发展，我国知识产权法律法规体系逐步健全，执法水平不断提高；知识产权拥有量快速增长，效益日益显现；市场主体运用知识产权能力逐步提高；知识产权领域的国际交往日益增多，国际影响力逐渐增强。知识产权制度的建立和实施，规范了市场秩序，激励了发明创造和文化创作，促进了对外开放和知识资源的引进，对经济社会发展发挥了重要作用。但是，从总体上看，我国知识产权制度仍不完善，自主知识产权水平和拥有量尚不能满足经济社会发展需要，社会公众知识产权意识仍较薄弱，市场主体运用知识产权能力不强，侵犯知识产权现象还比较突出，知识产权滥用行为时有发生，知识产权服务支撑体系和人才队伍建设滞后，知识产权制度对经济社会发展的促进作用尚未得到充分发挥。

（4）实施国家知识产权战略，大力提升知识产权创造、运用、保护和管理能力，有利于增强我国自主创新能力，建设创新型国家；有利于完善社会主义市场经济体制，规范市场秩序和建立诚信社会；有利于增强我国企业市场竞争力和提高国家核心竞争力；有利于扩大对外开放，实现互利共赢。必须把知识产权战略作为国家重要战略，切实加强知识产权工作。

二　指导思想和战略目标

（一）指导思想

（5）实施国家知识产权战略，要坚持以邓小平理论和"三个代表"重要思想为指导，深入贯彻落实科学发展观，按照激励创造、有效运用、依法保护、科学管理的方针，着力完善知识产权制度，积极营造良好的知识产权法治环境、市场环境、文化环境，大幅度提升我国知识产权创造、运用、保护和管理能力，为建设创新型国家和全面建设小康社会提供强有力支撑。

（二）战略目标

（6）到2020年，把我国建设成为知识产权创造、运用、保护和管理水平较高的国家。知识产权法治环境进一步完善，市场主体创造、运用、保护和管理知识产权的能力显著增强，知识产权意识深入人心，自主知识产权的水平和拥有量能够有效支撑创新型国家建设，知识产权制度对经济发展、文化繁荣和社会建设的促进作用充分显现。

（7）近五年的目标是：

——自主知识产权水平大幅度提高，拥有量进一步增加。本国申请人发明专利年度授权量进入世界前列，对外专利申请大幅度增加。培育一批国际知名品牌。核心版权产业产值占国内生产总值的比重明显提高。拥有一批优良植物新品种和高水平集成电路布图设计。商业秘密、地理标志、遗传资源、传统知识和民间文艺等得到有效保护与合理利用。

——运用知识产权的效果明显增强，知识产权密集型商品比重显著提高。企业知识产权管理制度进一步健全，对知识产权领域的投入大幅度增加，运用知识产权参与市场竞争的能力明显提升。形成一批拥有知名品牌和核心知识产权，熟练运用知识产权制度的优势企业。

——知识产权保护状况明显改善。盗版、假冒等侵权行为显著减少，维权成本明显下降，滥用知识产权现象得到有效遏制。

——全社会特别是市场主体的知识产权意识普遍提高，知识产权文化氛围初步形成。

三　战略重点

（一）完善知识产权制度

（8）进一步完善知识产权法律法规。及时修订专利法、商标法、著作权法等知识产权专门法律及有关法规。适时做好遗传资源、传统知识、民间文艺和地理标志等方面的立法工作。加强知识产权立法的衔接配套，增强法律法规可操作性。完善反不正当竞争、对外贸易、科技、国防等方面法律法规中有关知识产权的规定。

（9）健全知识产权执法和管理体制。加强司法保护体系和行政执法体系建设，发挥司法保护知识产权的主导作用，提高执法效率和水平，强化公共服务。深化知识产权行政管理体制改革，形成权责一致、分工合理、决策科学、执行顺畅、监督有力的知识产权行政管理体制。

（10）强化知识产权在经济、文化和社会政策中的导向作用。加强产业政策、区域政策、科技政策、贸易政策与知识产权政策的衔接。制定适合相关产业发展的知识产权政策，促进产业结构的调整与优化；针对不同地区发展特点，完善知识产权扶持政策，培育地区特色经济，促进区域经济协调发展；建立重大科技项目的知识产权工作机制，以知识产权的获取和保护为重点开展全程跟踪服务；健全与对外贸易有关的知识产权政策，建立和完善对外贸易领域知识产权管理体制、预警应急机制、海外维权机制和争端解决机制。加强文化、教育、科研、卫生等政策与知识产权政策的协调衔接，保障公众在文化、教育、科研、卫生等活动中依法合理使用创新成果和信息的权利，促进创新成果合理分享；保障国家应对公共危机的能力。

（二）促进知识产权创造和运用

（11）运用财政、金融、投资、政府采购政策和产业、能源、环境保护政策，引导和支持市场主体创造和运用知识产权。强化科技创新活动中的知识产权政策导向作用，坚持技术创新以能够合法产业化为基本前提，以获得知识产权为追求目标，以形成技术标准为努力方向。完善国家资助开发的科研成果权利归属和利益分享机制。将知识产权指标纳入科技计划实施评价体系和国有企业绩效考核体系。逐步提高知识产权密集型商品出口比例，促进贸易增长方式的根本转变和贸易结构的优化升级。

（12）推动企业成为知识产权创造和运用的主体。促进自主创新成果的知识产权化、商品化、产业化，引导企业采取知识产权转让、许可、质押等方式实现知识产权的市场价值。充分发挥高等学校、科研院所在知识产权创造中的重要作用。选择若干重点技术领域，形成一批核心自主知识产权和技术标准。鼓励群众性发明创造和文化创新。促进优秀文化产品的创作。

（三）加强知识产权保护

（13）修订惩处侵犯知识产权行为的法律法规，加大司法惩处力度。提高权利人自我维权的意识和能力。降低维权成本，提高侵权代价，有效遏制侵权行为。

（四）防止知识产权滥用

（14）制定相关法律法规，合理界定知识产权的界限，防止知识产权滥用，维护公平竞争的市场秩序和公众合法权益。

（五）培育知识产权文化

（15）加强知识产权宣传，提高全社会知识产权意识。广泛开展知识产权普及型教育。在精神文明创建活动和国家普法教育中增加有关知识产权的内容。在全社会弘扬以创新为荣、剽窃为耻，以诚实守信为荣、假冒欺骗为耻的道德观念，形成尊重知识、崇尚创新、诚信守法的知识产权文化。

四　专项任务

（一）专利

（16）以国家战略需求为导向，在生物和医药、信息、新材料、先进制造、先进能源、海洋、资源环境、现代农业、现代交通、航空航天等技术领域超前部署，掌握一批核心技术的专利，支撑我国高技术产业与新兴产业发展。

（17）制定和完善与标准有关的政策，规范将专利纳入标准的行为。支持企业、行业组织积极参与国际标准的制定。

（18）完善职务发明制度，建立既有利于激发职务发明人创新积极性，又有利于促进专利技术实施的利益分配机制。

（19）按照授予专利权的条件，完善专利审查程序，提高审查质量。防止非正常专利申请。

（20）正确处理专利保护和公共利益的关系。在依法保护专利权的同时，完善强制许可制度，发挥例外制度作用，研究制定合理的相关政策，保证在发生公共危机时，公众能够及时、充分获得必需的产品和服务。

（二）商标

（21）切实保护商标权人和消费者的合法权益。加强执法能力建设，严厉打击假冒等侵权行为，维护公平竞争的市场秩序。

（22）支持企业实施商标战略，在经济活动中使用自主商标。引导企业丰富商标内涵，增加商标附加值，提高商标知名度，形成驰名商标。鼓励企业进行国际商标注册，维护商标权益，参与国际竞争。

（23）充分发挥商标在农业产业化中的作用。积极推动市场主体注册和使用商标，促进农产品质量提高，保证食品安全，提高农产品附加值，增强市场竞争力。

（24）加强商标管理。提高商标审查效率，缩短审查周期，保证审查质量。尊重市场规律，切实解决驰名商标、著名商标、知名商品、名牌产品、优秀品牌的认定等问题。

（三）版权

（25）扶持新闻出版、广播影视、文学艺术、文化娱乐、广告设计、工艺美术、计算机软件、信息网络等版权相关产业发展，支持具有鲜明民族特色、时代特点作品的创作，扶持难以参与市场竞争的优秀文化作品的创作。

（26）完善制度，促进版权市场化。进一步完善版权质押、作品登记和转让合同备案等制度，拓展版权利用方式，降低版权交易成本和风险。充分发挥版权集体管理组织、行业协会、代理机构等中介组织在版权市场化中的作用。

（27）依法处置盗版行为，加大盗版行为处罚力度。重点打击大规模制售、传播盗版产品的行为，遏制盗版现象。

（28）有效应对互联网等新技术发展对版权保护的挑战。妥善处理保护版权与保障信息传播的关系，既要依法保护版权，又要促进信息传播。

（四）商业秘密

（29）引导市场主体依法建立商业秘密管理制度。依法打击窃取他人商业秘密的行为。妥善处理保护商业秘密与自由择业、涉密者竞业限制与人才合理流动的关系，维护职工合法权益。

（五）植物新品种

（30）建立激励机制，扶持新品种培育，推动育种创新成果转化为植物新品种权。支持形成一批拥有植物新品种权的种苗单位。建立健全植物新品种保护的技术支撑体系，加快制定植物新品种测试指南，提高审查测试水平。

（31）合理调节资源提供者、育种者、生产者和经营者之间的利益关系，注重对农民合法权益的保护。提高种苗单位及农民的植物新品种权保护意识，使品种权人、品种生产经销单位和使用新品种的农民共同受益。

（六）特定领域知识产权

（32）完善地理标志保护制度。建立健全地理标志的技术标准体系、质量保证体系与检测体系。普查地理标志资源，扶持地理标志产品，促进具有地方特色的自然、人文资源优势转化为现实生产力。

（33）完善遗传资源保护、开发和利用制度，防止遗传资源流失和无序利用。协调遗传资源保护、开发和利用的利益关系，构建合理的遗传资源获取与利益分享机制。保障遗传资源提供者知情同意权。

（34）建立健全传统知识保护制度。扶持传统知识的整理和传承，促进传统知识发展。完善传统医药知识产权管理、保护和利用协调机制，加强对传统工艺的保护、开发和利用。

（35）加强民间文艺保护，促进民间文艺发展。深入发掘民间文艺作品，建立民间文艺保存人与后续创作人之间合理分享利益的机制，维护相关个人、群体的合法权益。

（36）加强集成电路布图设计专有权的有效利用，促进集成电路产业发展。

（七）国防知识产权

（37）建立国防知识产权的统一协调管理机制，着力解决权利归属与利益分配、有偿使用、激励机制以及紧急状态下技术有效实施等重大问题。

（38）加强国防知识产权管理。将知识产权管理纳入国防科研、生产、经营及装备采购、保障和项目管理各环节，增强对重大国防知识产权的掌控能力。发布关键技术指南，在武器装备关键技术和军民结合高新技术领域形成一批自主知识产权。建立国防知识产权安全预警机制，对军事技术合作和军品贸易中的国防知识产权进行特别审查。

（39）促进国防知识产权有效运用。完善国防知识产权保密解密制度，在确保国家安全和国防利益基础上，促进国防知识产权向民用领域转移。鼓励民用领域知识产权在国防领域运用。

五　战略措施

（一）提升知识产权创造能力

（40）建立以企业为主体、市场为导向、产学研相结合的自主知识产权创造体系。引导企业在研究开发立项及开展经营活动前进行知识产权信息检索。支持企业通过原始创新、集成创新和引进消化吸收再创新，形成自主知识产权，提高把创新成果转变为知识产权的能力。支持企业等市场主体在境外取得知识产权。引导企业改进竞争模式，加强技术创新，提高产品质量和服务质量，支持企业打造知名品牌。

（二）鼓励知识产权转化运用

（41）引导支持创新要素向企业集聚，促进高等学校、科研院所的创新成果向企业转移，推动企业知识产权的应用和产业化，缩短产业化周期。深入开展各类知识产权试点、示范工作，全面提升知识产权运用能力和应对知识产权竞争的能力。

（42）鼓励和支持市场主体健全技术资料与商业秘密管理制度，建立知识产权价值评估、统计和财务核算制度，制定知识产权信息检索和重大事项预警等制度，完善对外合作知识产权管理制度。

（43）鼓励市场主体依法应对涉及知识产权的侵权行为和法律诉讼，提高应对知识产权纠纷的能力。

（三）加快知识产权法制建设

（44）建立适应知识产权特点的立法机制，提高立法质量，加快立法进程。加强知识产权立法前瞻性研究，做好立法后评估工作。增强立法透明度，拓宽企业、行业协会和社会公众参与立法的渠道。加强知识产权法律修改和立法解释，及时有效回应知识产权新问题。研究制定知识产权基础性法律的必要性和可行性。

（四）提高知识产权执法水平

（45）完善知识产权审判体制，优化审判资源配置，简化救济程序。研究设置统一受理知识产权民事、行政和刑事案件的专门知识产权法庭。研究适当集中专利等技术性较强案件的审理管辖权问题，探索建立知识产权上诉法院。进一步健全知识产权审判机构，充实知识产权司法队伍，提高审判和执行能力。

（46）加强知识产权司法解释工作。针对知识产权案件专业性强等特点，建立和完善司法鉴定、专家证人、技术调查等诉讼制度，完善知识产权诉前临时措施制度。改革专利和商标确权、授权程序，研究专利无效审理和商标评审机构向准司法机构转变的问题。

（47）提高知识产权执法队伍素质，合理配置执法资源，提高执法效率。针对反复侵权、群体性侵权以及大规模假冒、盗版等行为，有计划、有重点地开展知识产权保护专项行动。加大行政执法机关向刑事司法机关移送知识产权刑事案件和刑事司法机关受理知识产权刑事案件的力度。

（48）加大海关执法力度，加强知识产权边境保护，维护良好的进出口秩序，提高我国出口商品的声誉。充分利用海关执法国际合作机制，打击跨境知识产权违法犯罪行为，发挥海关在国际知识产权保护事务中的影响力。

（五）加强知识产权行政管理

（49）制定并实施地区和行业知识产权战略。建立健全重大经济活动知识产权审议制度。扶持符合经济社会发展需要的自主知识产权创造与产业化项目。

（50）充实知识产权管理队伍，加强业务培训，提高人员素质。根据经济社会发展需要，县级以上人民政府可设立相应的知识产权管理机构。

（51）完善知识产权审查及登记制度，加强能力建设，优化程序，提高效率，降低行政成本，提高知识产权公共服务水平。

（52）构建国家基础知识产权信息公共服务平台。建设高质量的专利、商标、版权、集成电路布图设计、植物新品种、地理标志等知识产权基础信息库，加快开发适合我国检索方式与习惯的通用检索系统。健全植物新品种保护测试机构和保藏机构。建立国防知识产权信息平台。指导和鼓励各地区、各有关行业建设符合自身需要的知识产权信息库。促进知识产权系统集成、资源整合和信息共享。

（53）建立知识产权预警应急机制。发布重点领域的知识产权发展态势报告，对可能发生的涉及面广、影响大的知识产权纠纷、争端和突发事件，制定预案，妥善应对，控制和减轻损害。

（六）发展知识产权中介服务

（54）完善知识产权中介服务管理，加强行业自律，建立诚信信息管理、信用评价和失信惩戒等诚信管理制度。规范知识产权评估工作，提高评估公信度。

（55）建立知识产权中介服务执业培训制度，加强中介服务职业培训，规范执业资质管理。明确知识产权代理人等中介服务人员执业范围，研究建立相关律师代理制度。完善国防知识产权中介服务体系。大力提升中介组织涉外知识产权申请和纠纷处置服务能力及国际知识产权事务参与能力。

（56）充分发挥行业协会的作用，支持行业协会开展知识产权工作，促进知识产权信息交流，组织共同维权。加强政府对行业协会知识产权工作的监督指导。

（57）充分发挥技术市场的作用，构建信息充分、交易活跃、秩序良好的知识产权交易体系。简化交易程序，降低交易成本，提供优质服务。

（58）培育和发展市场化知识产权信息服务，满足不同层次知识产权信息需求。鼓励社会资金投资知识产权信息化建设，鼓励企业参与增值性知识产权信息开发利用。

（七）加强知识产权人才队伍建设

（59）建立部门协调机制，统筹规划知识产权人才队伍建设。加快建设国家和省级知识产权人才库和专业人才信息网络平台。

（60）建设若干国家知识产权人才培养基地。加快建设高水平的知识产权师资队伍。设立知识产权二级学科，支持有条件的高等学校设立知识产权硕士、博士学位授予点。大规模培养各级各类知识产权专业人才，重点培养企业急需的知识产权管理和中介服务人才。

（61）制定培训规划，广泛开展对党政领导干部、公务员、企事业单位管理人员、专业技术人员、文学艺术创作人员、教师等的知识产权培训。

（62）完善吸引、使用和管理知识产权专业人才相关制度，优化人才结构，促进人才合理流动。结合公务员法的实施，完善知识产权管理部门公务员管理制度。按照国家职称制度改革总体要求，建立和完善知识产权人才的专业技术评价体系。

（八）推进知识产权文化建设

（63）建立政府主导、新闻媒体支撑、社会公众广泛参与的知识产权宣传工作体系。完善协调机制，制定相关政策和工作计划，推动知识产权的宣传普及和知识产权文化建设。

（64）在高等学校开设知识产权相关课程，将知识产权教育纳入高校学生素质教育体系。制定并实施全国中小学知识产权普及教育计划，将知识产权内容纳入中小学教育课程体系。

（九）扩大知识产权对外交流合作

（65）加强知识产权领域的对外交流合作。建立和完善知识产权对外信息沟通交流机制。加强国际和区域知识产权信息资源及基础设施建设与利用的交流合作。鼓励开展知识产权人才培养的对外合作。引导公派留学生、鼓励自费留学生选修知识产权专业。支持引进或聘用海外知识产权高层次人才。积极参与国际知识产权秩序的构建，有效参与国际组织有关议程。

深入实施国家知识产权战略行动计划
（2014—2020 年）
（国办发〔2014〕64 号）

《国家知识产权战略纲要》颁布实施以来，各地区、各有关部门认真贯彻党中央、国务院决策部署，推动知识产权战略实施工作取得新的进展和成效，基本实现了《国家知识产权战略纲要》确定的第一阶段五年目标，对促进经济社会发展发挥了重要支撑作用。随着知识经济和经济全球化深入发展，知识产权日益成为国家发展的战略性资源和国际竞争力的核心要素。深入实施知识产权战略是全面深化改革的重要支撑和保障，是推动经济结构优化升级的重要举措。为进一步贯彻落实《国家知识产权战略纲要》，全面提升知识产权综合能力，实现创新驱动发展，推动经济提质增效升级，特制订本行动计划。

一　总体要求

（一）指导思想

以邓小平理论、"三个代表"重要思想、科学发展观为指导，全面贯彻党的十八大和十八届二中、三中、四中全会精神，全面落实党中央、国务院各项决策部署，实施创新驱动发展战略，按照激励创造、有效运用、依法保护、科学管理的方针，坚持中国特色知识产权发展道路，着力加强知识产权运用和保护，积极营造良好的知识产权法治环境、市场环境、文化环境，认真谋划我国建设知识产权强国的发展路径，努力建设知识产权强国，为建设创新型国家和全面建成小康社会提供有力支撑。

（二）主要目标

到 2020 年，知识产权法治环境更加完善，创造、运用、保护和管理知识产权的能力显著增强，知识产权意识深入人心，知识产权制度对经济发展、文化繁荣和社会建设的促进作用充分显现。

——知识产权创造水平显著提高。知识产权拥有量进一步提高，结构明显优化，核心专利、知名品牌、版权精品和优良植物新品种大幅增加。形成一批拥有国外专利布局和全球知名品牌的知识产权优势企业。

——知识产权运用效果显著增强。市场主体运用知识产权参与市场竞争的能力明显提升，知识产权投融资额明显增加，知识产权市场价值充分显现。知识产权密集型产业增加值占国内生产总值的比重显著提高，知识产权服务业快速发展，服务能力基本满足市场需要，对产业结构优化升级的支撑作用明显提高。

——知识产权保护状况显著改善。知识产权保护体系更加完善，司法保护主导作用充分发挥，行政执法效能和市场监管水平明显提升。反复侵权、群体侵权、恶意侵权等行为受到有效制裁，知识产权犯罪分子受到有力震慑，知识产权权利人的合法权益得到有力保障，知识产权保护社会满意度进一步提高。

——知识产权管理能力显著增强。知识产权行政管理水平明显提高，审查能力达到国际先进水平，国家科技重大专项和科技计划实现知识产权全过程管理。重点院校和科研院所普遍建立知识产权管理制度。企业知识产权管理水平大幅提升。

——知识产权基础能力全面提升。构建国家知识产权基础信息公共服务平台。知识产权人才队伍规模充足、结构优化、布局合理、素质优良。全民知识产权意识显著增强，尊重知识、崇尚创新、诚信守法的知识产权文化理念深入人心。

二 主要行动

（一）促进知识产权创造运用，支撑产业转型升级

——推动知识产权密集型产业发展。更加注重知识产权质量和效益，优化产业布局，引导产业创新，促进产业提质增效升级。面向产业集聚区、行业和企业，实施专利导航试点项目，开展专利布局，在关键技术领域形成一批专利组合，构建支撑产业发展和提升企业竞争力的专利储备。加强专利协同运用，推动专利联盟建设，建立具有产业特色的全国专利运营与产业化服务平台。建立运行高效、支撑有力的专利导航产业发展工作机制。完善企业主导、多方参与的专利协同运用体系，形成资源集聚、流转活跃的专利交易市场体系，促进专利运营业态健康发展。发布战略性新兴产业专利发展态势报告。鼓励有条件的地区发展区域特色知识产权密集型产业，构建优势互补的产业协调发展格局。建设一批知识产权密集型产业集聚区，在产业集聚区推行知识产权集群管理，构筑产业竞争优势。鼓励文化领域商业模式

创新，加强文化品牌开发和建设，建立一批版权交易平台，活跃文化创意产品传播，增强文化创意产业核心竞争力。

——服务现代农业发展。加强植物新品种、农业技术专利、地理标志和农产品商标创造运用，促进农业向技术装备先进、综合效益明显的现代化方向发展。扶持新品种培育，推动育种创新成果转化为植物新品种权。以知识产权利益分享为纽带，加强种子企业与高校、科研院所的协作创新，建立品种权转让交易公共平台，提高农产品知识产权附加值。增加农业科技评价中知识产权指标权重。提高农业机械研发水平，加强农业机械专利布局，组建一批产业技术创新战略联盟。大力推进农业标准化，加快健全农业标准体系。建立地理标志联合认定机制。推广农户、基地、龙头企业、地理标志和农产品商标紧密结合的农产品经营模式。

——促进现代服务业发展。大力发展知识产权服务业，扩大服务规模、完善服务标准、提高服务质量，推动服务业向高端发展。培育知识产权服务市场，形成一批知识产权服务业集聚区。建立健全知识产权服务标准规范，加强对服务机构和从业人员的监管。发挥行业协会作用，加强知识产权服务行业自律。支持银行、证券、保险、信托等机构广泛参与知识产权金融服务，鼓励商业银行开发知识产权融资服务产品。完善知识产权投融资服务平台，引导企业拓展知识产权质押融资范围。引导和鼓励地方人民政府建立小微企业信贷风险补偿基金，对知识产权质押贷款提供重点支持。通过国家科技成果转化引导基金对科技成果转化贷款给予风险补偿。增加知识产权保险品种，扩大知识产权保险试点范围，加快培育并规范知识产权保险市场。

（二）加强知识产权保护，营造良好市场环境

——加强知识产权行政执法信息公开。贯彻落实《国务院批转全国打击侵犯知识产权和制售假冒伪劣商品工作领导小组〈关于依法公开制售假冒伪劣商品和侵犯知识产权行政处罚案件信息的意见（试行）〉的通知》（国发〔2014〕6号），扎实推进侵犯知识产权行政处罚案件信息公开，震慑违法者，同时促进执法者规范公正文明执法。将案件信息公开情况纳入打击侵权假冒工作统计通报范围并加强考

核。探索建立与知识产权保护有关的信用标准，将恶意侵权行为纳入社会信用评价体系，向征信机构公开相关信息，提高知识产权保护社会信用水平。

——加强重点领域知识产权行政执法。积极开展执法专项行动，重点查办跨区域、大规模和社会反响强烈的侵权案件，加大对民生、重大项目和优势产业等领域侵犯知识产权行为的打击力度。加强执法协作、侵权判定咨询与纠纷快速调解工作。加强大型商业场所、展会知识产权保护。督促电子商务平台企业落实相关责任，督促邮政、快递企业完善并执行收寄验视制度，探索加强跨境贸易电子商务服务的知识产权监管。加强对视听节目、文学、游戏网站和网络交易平台的版权监管，规范网络作品使用，严厉打击网络侵权盗版，优化网络监管技术手段。开展国内自由贸易区知识产权保护状况调查，探索在货物生产、加工、转运中加强知识产权监管，创新并适时推广知识产权海关保护模式，依法加强国内自由贸易区知识产权执法。依法严厉打击进出口货物侵权行为。

——推进软件正版化工作。贯彻落实《国务院办公厅关于印发政府机关使用正版软件管理办法的通知》（国办发〔2013〕88号），巩固政府机关软件正版化工作成果，进一步推进国有企业软件正版化。完善软件正版化工作长效机制，推动软件资产管理、经费预算、审计监督、年度检查报告、考核和责任追究等制度落到实处，确保软件正版化工作常态化、规范化。

——加强知识产权刑事执法和司法保护。加大对侵犯知识产权犯罪案件的侦办力度，对重点案件挂牌督办。坚持打防结合，将专项打击逐步纳入常态化执法轨道。加强知识产权行政执法与刑事司法衔接，加大涉嫌犯罪案件移交工作力度。依法加强对侵犯知识产权刑事案件的审判工作，加大罚金刑适用力度，剥夺侵权人再犯罪能力和条件。加强知识产权民事和行政审判工作，营造良好的创新环境。按照关于设立知识产权法院的方案，为知识产权法院的组建与运行提供人财物等方面的保障和支持。

——推进知识产权纠纷社会预防与调解工作。探索以公证的方式保管知识产权证据及相关证明材料，加强对证明知识产权在先使用、侵权等行为的保全证据公证工作。开展知识产权纠纷诉讼与调解对接工作，依法规范知识产权纠纷调解工作，完善知识产权纠纷行业调解机制，培育一批社会调解组织，培养一批专业调解员。

（三）强化知识产权管理，提升管理效能

——强化科技创新知识产权管理。加强国家科技重大专项和科技计划知识产权管理，促进高校和科研院所知识产权转移转化。落实国家科技重大专项和科技计划项目管理部门、项目承担单位等知识产权管理职责，明确责任主体。将知识产权管理纳入国家科技重大专项和科技计划全过程管理，建立国家科技重大专项和科技计划完成后的知识产权目标评估制度。探索建立科技重大专项承担单位和各参与单位知识产权利益分享机制。开展中央级事业单位科技成果使用、处置和收益管理改革试点，促进知识产权转化运用。完善高校和科研院所知识产权管理规范，鼓励高校和科研院所建立知识产权转移转化机构。

——加强知识产权审查。完善审查制度、加强审查管理、优化审查方式，提高知识产权审查质量和效率。完善知识产权申请与审查制度，完善专利审查快速通道，建立商标审查绿色通道和软件著作权快速登记通道。在有关考核评价中突出专利质量导向，加大专利质量指标评价权重。加强专利审查质量管理，完善专利审查标准。加强专利申请质量监测，加大对低质量专利申请的查处力度。优化专利审查方式，稳步推进专利审查协作中心建设，提升专利审查能力。优化商标审查体系，建立健全便捷高效的商标审查协作机制，完善商标审查标准，提高商标审查质量和效率。提高植物新品种测试能力，完善植物新品种权审查制度。

——实施重大经济活动知识产权评议。针对重大产业规划、政府重大投资活动等开展知识产权评议。加强知识产权主管部门和产业主管部门间的沟通协作，制定发布重大经济活动知识产权评议指导手册，提高知识产权服务机构评议服务能力。推动建立重大经济活动知识产权评议制度，明确评议内容，规范评议程序。引导企业自主开展知识产权评议工作，规避知识产权风险。

——引导企业加强知识产权管理。引导企业提高知识产权规范化管理水平，加强知识产权资产管理，促进企业提升竞争力。建立知识产权管理标准认证制度，引导企业贯彻知识产权管理规范。建立健全知识产权价值分析标准和评估方法，完善会计准则及其相关资产管理制度，推动企业在并购、股权流转、对外投资等活动中加强知识产权资产管理。制定知识产权委托管理服务规范，引导和支持知识产权服务机构为中小微企业提供知识产权委托管理服务。

——加强国防知识产权管理。强化国防知识产权战略实施组织管理，加快国防知识产权政策法规体系建设，推动知识产权管理融入国防科研生产和装备采购各环节。规范国防知识产权权利归属与利益分配，促进形成军民结合高新技术领域自主知识产权。完善国防知识产权解密制度，引导优势民用知识产权进入军品科研生产领域，促进知识产权军民双向转化实施。

（四）拓展知识产权国际合作，推动国际竞争力提升

——加强涉外知识产权工作。公平公正保护知识产权，对国内外企业和个人的知识产权一视同仁、同等保护。加强与国际组织合作，巩固和发展与主要国家和地区的多双边知识产权交流。提高专利审查国际业务承接能力，建设专利审查高速路，加强专利审查国际合作，提升我国专利审查业务国际影响力。加强驻外使领馆知识产权工作力度，跟踪研究有关国家的知识产权法规政策，加强知识产权涉外信息交流，做好涉外知识产权应对工作。建立完善多双边执法合作机制，推进国际海关间知识产权执法合作。

——完善与对外贸易有关的知识产权规则。追踪各类贸易区知识产权谈判进程，推动形成有利于公平贸易的知识产权规则。落实对外贸易法中知识产权保护相关规定，研究针对进口贸易建立知识产权境内保护制度，对进口产品侵犯中国知识产权的行为和进口贸易中其他不公平竞争行为开展调查。

——支持企业"走出去"。及时收集发布主要贸易目的地、对外投资目的地知识产权相关信息。加强知识产权培训，支持企业在国外

布局知识产权。加强政府、企业和社会资本的协作，在信息技术等重点领域探索建立公益性和市场化运作的专利运营公司。加大海外知识产权维权援助机制建设，鼓励企业建立知识产权海外维权联盟，帮助企业在当地及时获得知识产权保护。引导知识产权服务机构提高海外知识产权事务处理能力，为企业"走出去"提供专业服务。

三　基础工程

（一）知识产权信息服务工程

推动专利、商标、版权、植物新品种、地理标志、民间文艺、遗传资源及相关传统知识等各类知识产权基础信息公共服务平台互联互通，逐步实现基础信息共享。知识产权基础信息资源免费或低成本向社会开放，基本检索工具免费供社会公众使用，提高知识产权信息利用便利度。指导有关行业建设知识产权专业信息库，鼓励社会机构对知识产权信息进行深加工，提供专业化、市场化的知识产权信息服务，满足社会多层次需求。

（二）知识产权调查统计工程

开展知识产权统计监测，全面反映知识产权的发展状况。逐步建立知识产权产业统计制度，完善知识产权服务业统计制度，明确统计范围，统一指标口径，在新修订的国民经济核算体系中体现知识产权内容。

（三）知识产权人才队伍建设工程

建设若干国家知识产权人才培养基地，推动建设知识产权协同创新中心。开展以党政领导干部、公务员、企事业单位管理人员、专业技术人员、文学艺术创作人员、教师等为重点的知识产权培训。将知识产权内容纳入学校教育课程体系，建立若干知识产权宣传教育示范学校。将知识产权内容全面纳入国家普法教育和全民科学素养提升工作。依托海外高层次人才引进计划引进急需的知识产权高端人才。深入开展百千万知识产权人才工程，建立面向社会的知识产权人才库。完善知识产权专业技术人才评价制度。

四　保障措施

（一）加强组织实施

国家知识产权战略实施工作部际联席会议（以下简称联席会议）负责组织实施本行动计划，并加强对地方知识产权战略实施的指导和支持。知识产权局要发挥牵头作用，认真履行联席会议办公室职责，建立完善相互支持、密切协作、运转顺畅的工作机制，推进知识产权战略实施工作开展，并组织相关部门开展知识产权强国建设研究，提出知识产权强国建设的战略目标、思路和举措，积极推进知识产权强国建设。联席会议各成员单位要各负其责并尽快制订具体实施方案。地方各级政府要将知识产权战略实施工作纳入当地国民经济和社会发展总体规划，将本行动计划落实工作纳入重要议事日程和考核范围。

（二）加强督促检查

联席会议要加强对战略实施状况的监测评估，对各项任务落实情况组织开展监督检查，重要情况及时报告国务院。知识产权局要会同联席会议各成员单位及相关部门加强对地方知识产权战略实施工作的监督指导。

（三）加强财政支持

中央财政通过相关部门的部门预算渠道安排资金支持知识产权战略实施工作。引导支持国家产业发展的财政资金和基金向促进科技成果产权化、知识产权产业化方向倾斜。完善知识产权资助政策，适当降低中小微企业知识产权申请和维持费用，加大对中小微企业知识产权创造和运用的支持力度。

（四）完善法律法规

推动专利法、著作权法及配套法规修订工作，建立健全知识产权保护长效机制，加大对侵权行为的惩处力度。适时做好遗传资源、传统知识、民间文艺和地理标志等方面的立法工作。研究修订反不正当竞争法、知识产权海关保护条例、植物新品种保护条例等法律法规。研究制定防止知识产权滥用的规范性文件。

国务院关于新形势下加快知识产权强国建设的若干意见
（国发〔2015〕71 号）

各省、自治区、直辖市人民政府，国务院各部委、各直属机构：

国家知识产权战略实施以来，我国知识产权创造运用水平大幅提高，保护状况明显改善，全社会知识产权意识普遍增强，知识产权工作取得长足进步，对经济社会发展发挥了重要作用。同时，仍面临知识产权大而不强、多而不优、保护不够严格、侵权易发多发、影响创新创业热情等问题，亟待研究解决。当前，全球新一轮科技革命和产业变革蓄势待发，我国经济发展方式加快转变，创新引领发展的趋势更加明显，知识产权制度激励创新的基本保障作用更加突出。为深入实施创新驱动发展战略，深化知识产权领域改革，加快知识产权强国建设，现提出如下意见。

一 总体要求

（一）指导思想

全面贯彻党的十八大和十八届二中、三中、四中、五中全会精神，按照"四个全面"战略布局和党中央、国务院决策部署，深入实施国家知识产权战略，深化知识产权重点领域改革，有效促进知识产权创造运用，实行更加严格的知识产权保护，优化知识产权公共服务，促进新技术、新产业、新业态蓬勃发展，提升产业国际化发展水平，保障和激励大众创业、万众创新，为实施创新驱动发展战略提供有力支撑，为推动经济保持中高速增长、迈向中高端水平，实现"两个一百年"奋斗目标和中华民族伟大复兴的中国梦奠定更加坚实的基础。

（二）基本原则

坚持战略引领。按照创新驱动发展战略和"一带一路"等战略部署，推动提升知识产权创造、运用、保护、管理和服务能力，深化知识产权战略实施，提升知识产权质量，实现从大向强、从多向优的转变，实施新一轮高水平对外开放，促进经济持续健康发展。

坚持改革创新。加快完善中国特色知识产权制度，改革创新体制机制，破除制约知识产权事业发展的障碍，着力推进创新改革试验，强化分配制度的知识价值导向，充分发挥知识产权制度在激励创新、促进创新成果合理分享方面的关键作用，推动企业提质增效、产业转型升级。

坚持市场主导。发挥市场配置创新资源的决定性作用，强化企业创新主体地位和主导作用，促进创新要素合理流动和高效配置。加快简政放权、放管结合、优化服务，加强知识产权政策支持、公共服务和市场监管，着力构建公平公正、开放透明的知识产权法治环境和市场环境，促进大众创业、万众创新。

坚持统筹兼顾。统筹国际国内创新资源，形成若干知识产权领先发展区域，培育我国知识产权优势。加强全球开放创新协作，积极参与、推动知识产权国际规则制定和完善，构建公平合理国际经济秩序，为市场主体参与国际竞争创造有利条件，实现优进优出和互利共赢。

（三）主要目标

到 2020 年，在知识产权重要领域和关键环节改革上取得决定性成果，知识产权授权确权和执法保护体系进一步完善，基本形成权界清晰、分工合理、责权一致、运转高效、法治保障的知识产权体制机制，知识产权创造、运用、保护、管理和服务能力大幅提升，创新创业环境进一步优化，逐步形成产业参与国际竞争的知识产权新优势，基本实现知识产权治理体系和治理能力现代化，建成一批知识产权强省、强市，知识产权大国地位得到全方位巩固，为建成中国特色、世界水平的知识产权强国奠定坚实基础。

二　推进知识产权管理体制机制改革

（四）研究完善知识产权管理体制

完善国家知识产权战略实施工作部际联席会议制度，由国务院领导同志担任召集人。积极研究探索知识产权管理体制机制改革。授权地方开展知识产权改革试验。鼓励有条件的地方开展知识产权综合管理改革试点。

（五）改善知识产权服务业及社会组织管理

放宽知识产权服务业准入，促进服务业优质高效发展，加快建设知识产权服务业集聚区。扩大专利代理领域开放，放宽对专利代理机构股东或合伙人的条件限制。探索开展知识产权服务行业协会组织"一业多会"试点。完善执业信息披露制度，及时公开知识产权代理机构和从业人员信用评价等相关信息。规范著作权集体管理机构收费标准，完善收益分配制度，让著作权人获得更多许可收益。

（六）建立重大经济活动知识产权评议制度

研究制定知识产权评议政策。完善知识产权评议工作指南，规范评议范围和程序。围绕国家重大产业规划、高技术领域重大投资项目等开展知识产权评议，建立国家科技计划知识产权目标评估制度，积极探索重大科技活动知识产权评议试点，建立重点领域知识产权评议报告发布制度，提高创新效率，降低产业发展风险。

（七）建立以知识产权为重要内容的创新驱动发展评价制度

完善发展评价体系，将知识产权产品逐步纳入国民经济核算，将知识产权指标纳入国民经济和社会发展规划。发布年度知识产权发展状况报告。在对党政领导班子和领导干部进行综合考核评价时，注重鼓励发明创造、保护知识产权、加强转化运用、营造良好环境等方面的情况和成效。探索建立经营业绩、知识产权和创新并重的国有企业考评模式。按照国家有关规定设置知识产权奖励项目，加大各类国家奖励制度的知识产权评价权重。

三 实行严格的知识产权保护

（八）加大知识产权侵权行为惩治力度

推动知识产权保护法治化，发挥司法保护的主导作用，完善行政执法和司法保护两条途径优势互补、有机衔接的知识产权保护模式。提高知识产权侵权法定赔偿上限，针对情节严重的恶意侵权行为实施惩罚性赔偿并由侵权人承担实际发生的合理开支。进一步推进侵犯知识产权行政处罚案件信息公开。完善知识产权快速维权机制。加强海关知识产权执法保护。加大国际展会、电子商务等领域知识产权执法力度。开展与相关国际组织和境外执法部门的联合执法，加强知识产权司法保护对外合作，推动我国成为知识产权国际纠纷的重要解决地，构建更有国际竞争力的开放创新环境。

（九）加大知识产权犯罪打击力度

依法严厉打击侵犯知识产权犯罪行为，重点打击链条式、产业化知识产权犯罪网络。进一步加强知识产权行政执法与刑事司法衔接，加大涉嫌犯罪案件移交工作力度。完善涉外知识产权执法机制，加强刑事执法国际合作，加大涉外知识产权犯罪案件侦办力度。加强与有关国际组织和国家间打击知识产权犯罪行为的司法协助，加大案情通报和情报信息交换力度。

（十）建立健全知识产权保护预警防范机制

将故意侵犯知识产权行为情况纳入企业和个人信用记录。推动完善商业秘密保护法律法规，加强人才交流和技术合作中的商业秘密保护。开展知识产权保护社会满意度调查。建立收集假冒产品来源地相关信息的工作机制，发布年度中国海关知识产权保护状况报告。加强大型专业化市场知识产权管理和保护工作。发挥行业组织在知识产权保护中的积极作用。运用大数据、云计算、物联网等信息技术，加强在线创意、研发成果的知识产权保护，提升预警防范能力。加大对小微企业知识产权保护援助力度，构建公平竞争、公平监管的创新创业和营商环境。

（十一）加强新业态新领域创新成果的知识产权保护

完善植物新品种、生物遗传资源及其相关传统知识、数据库保护和国防知识产权等相关法律制度。适时做好地理标志立法工作。研究完善商业模式知识产权保护制度和实用艺术品外观设计专利保护制度。加强互联网、电子商务、大数据等领域的知识产权保护规则研究，推动完善相关法律法规。制定众创、众包、众扶、众筹的知识产权保护政策。

（十二）规制知识产权滥用行为

完善规制知识产权滥用行为的法律制度，制定相关反垄断执法指南。完善知识产权反垄断监管机制，依法查处滥用知识产权排除和限制竞争等垄断行为。完善标准必要专利的公平、合理、无歧视许可政策和停止侵权适用规则。

四　促进知识产权创造运用

（十三）完善知识产权审查和注册机制

建立计算机软件著作权快速登记通道。优化专利和商标的审查流程与方式，实现知识产权在线登记、电子申请和无纸化审批。完善知识产权审查协作机制，建立重点优势产业专利申请的集中审查制度，建立健全涉及产业安全的专利审查工作机制。合理扩大专利确权程序依职权审查范围，完善授权后专利文件修改制度。拓展"专利审查高速路"国际合作网络，加快建设世界一流专利审查机构。

（十四）完善职务发明制度

鼓励和引导企事业单位依法建立健全发明报告、权属划分、奖励报酬、纠纷解决等职务发明管理制度。探索完善创新成果收益分配制度，提高骨干团队、主要发明人收益比重，保障职务发明人的合法权益。按照相关政策规定，鼓励国有企业赋予下属科研院所知识产权处置和收益分配权。

（十五）推动专利许可制度改革

强化专利以许可方式对外扩散。研究建立专利当然许可制度，鼓励更多专利权人对社会公开许可专利。完善专利强制许可启动、审批和实施程序。鼓励高等院校、科研院所等事业单位通过无偿许可专利的方式，支持单位员工和大学生创新创业。

（十六）加强知识产权交易平台建设

构建知识产权运营服务体系，加快建设全国知识产权运营公共服务平台。创新知识产权投融资产品，探索知识产权证券化，完善知识产权信用担保机制，推动发展投贷联动、投保联动、投债联动等新模式。在全面创新改革试验区域引导天使投资、风险投资、私募基金加强对高技术领域的投资。细化会计准则规定，推动企业科学核算和管理知识产权资产。推动高等院校、科研院所建立健全知识产权转移转化机构。支持探索知识产权创造与运营的众筹、众包模式，促进"互联网＋知识产权"融合发展。

（十七）培育知识产权密集型产业

探索制定知识产权密集型产业目录和发展规划。运用股权投资基金等市场化方式，引导社会资金投入知识产权密集型产业。加大政府采购对知识产权密集型产品的支持力度。试点建设知识产权密集型产业集聚区和知识产权密集型产业产品示范基地，推行知识产权集群管理，推动先进制造业加快发展，产业迈向中高端水平。

（十八）提升知识产权附加值和国际影响力

实施专利质量提升工程，培育一批核心专利。加大轻工、纺织、服装等产业的外观设计专利保护力度。深化商标富农工作。加强对非物质文化遗产、民间文艺、传统知识的开发利用，推进文化创意、设计服务与相关产业融合发展。支持企业运用知识产权进行海外股权投资。积极参与国际标准制定，推动有知识产权的创新技术转化为标准。支持研究机构和社会组织制定品牌评价国际标准，建立品牌价值评价体系。支持企业建立品牌管理体系，鼓励企业收购海外知名品牌。保护和传承中华老字号，大力推动中医药、中华传统餐饮、工艺美术等企业"走出去"。

（十九）加强知识产权信息开放利用

推进专利数据信息资源开放共享，增强大数据运用能力。建立财政资助项目形成的知识产权信息披露制度。加快落实上市企业知识产权信息披露制度。规范知识产权信息采集程序和内容。完善知识产权许可的信息备案和公告制度。加快建设互联互通的知识产权信息公共服务平台，实现专利、商标、版权、集成电路布图设计、植物新品种、地理标志等基础信息免费或低成本开放。依法及时公开专利审查过程信息。增加知识产权信息服务网点，完善知识产权信息公共服务网络。

五　加强重点产业知识产权海外布局和风险防控

（二十）加强重点产业知识产权海外布局规划

加大创新成果标准化和专利化工作力度，推动形成标准研制与专利布局有效衔接机制。研究制定标准必要专利布局指南。编制发布相关国家和地区专利申请实务指引。围绕战略性新兴产业等重点领域，建立专利导航产业发展工作机制，实施产业规划类和企业运营类专利导航项目，绘制服务我国产业发展的相关国家和地区专利导航图，推动我国产业深度融入全球产业链、价值链和创新链。

（二十一）拓展海外知识产权布局渠道

推动企业、科研机构、高等院校等联合开展海外专利布局工作。鼓励企业建立专利收储基金。加强企业知识产权布局指导，在产业园区和重点企业探索设立知识产权布局设计中心。分类制定知识产权跨国许可与转让指南，编制发布知识产权许可合同范本。

（二十二）完善海外知识产权风险预警体系

建立健全知识产权管理与服务等标准体系。支持行业协会、专业机构跟踪发布重点产业知识产权信息和竞争动态。制定完善与知识产权相关的贸易调查应对与风险防控国别指南。完善海外知识产权信息服务平台，发布相关国家和地区知识产权制度环境等信息。建立完善企业海外知识产权问题及案件信息提交机制，加强对重大知识产权案件的跟踪研究，及时发布风险提示。

（二十三）提升海外知识产权风险防控能力

研究完善技术进出口管理相关制度，优化简化技术进出口审批流程。完善财政资助科技计划项目形成的知识产权对外转让和独占许可管理制度。制定并推行知识产权尽职调查规范。支持法律服务机构为企业提供全方位、高品质知识产权法律服务。探索以公证方式保管知识产权证据、证明材料。推动企业建立知识产权分析评议机制，重点针对人才引进、国际参展、产品和技术进出口等活动开展知识产权风险评估，提高企业应对知识产权国际纠纷能力。

（二十四）加强海外知识产权维权援助

制定实施应对海外产业重大知识产权纠纷的政策。研究我国驻国际组织、主要国家和地区外交机构中涉知识产权事务的人力配备。发布海外和涉外知识产权服务和维权援助机构名录，推动形成海外知识产权服务网络。

六 提升知识产权对外合作水平

（二十五）推动构建更加公平合理的国际知识产权规则

积极参与联合国框架下的发展议程，推动《TRIPs 协定与公共健康多哈宣言》落实和《视听表演北京条约》生效，参与《专利合作条约》《保护广播组织条约》《生物多样性公约》等规则修订的国际谈判，推进加入《工业品外观设计国际注册海牙协定》和《马拉喀什条约》进程，推动知识产权国际规则向普惠包容、平衡有效的方向发展。

（二十六）加强知识产权对外合作机制建设

加强与世界知识产权组织、世界贸易组织及相关国际组织的合作交流。深化同主要国家知识产权、经贸、海关等部门的合作，巩固与传统合作伙伴的友好关系。推动相关国际组织在我国设立知识产权仲裁和调解分中心。加强国内外知名地理标志产品的保护合作，促进地理标志产品国际化发展。积极推动区域全面经济伙伴关系和亚太经济合作组织框架下的知识产权合作，探索建立"一带一路"沿线国家和地区知识产权合作机制。

（二十七）加大对发展中国家知识产权援助力度

支持和援助发展中国家知识产权能力建设，鼓励向部分最不发达国家优惠许可其发展急需的专利技术。加强面向发展中国家的知识产权学历教育和短期培训。

（二十八）拓宽知识产权公共外交渠道

拓宽企业参与国际和区域性知识产权规则制、修订途径。推动国内服务机构、产业联盟等加强与国外相关组织的合作交流。建立具有国际水平的知识产权智库，建立博鳌亚洲论坛知识产权研讨交流机制，积极开展具有国际影响力的知识产权研讨交流活动。

七 加强组织实施和政策保障

（二十九）加强组织领导

各地区、各有关部门要高度重视，加强组织领导，结合实际制定实施方案和配套政策，推动各项措施有效落实。国家知识产权战略实施工作部际联席会议办公室要在国务院领导下，加强统筹协调，研究提出知识产权"十三五"规划等具体政策措施，协调解决重大问题，加强对有关政策措施落实工作的指导、督促、检查。

（三十）加大财税和金融支持力度

运用财政资金引导和促进科技成果产权化、知识产权产业化。落实研究开发费用税前加计扣除政策，对符合条件的知识产权费用按规定实行加计扣除。制定专利收费减缴办法，合理降低专利申请和维持费用。积极推进知识产权海外侵权责任保险工作。深入开展知识产权质押融资风险补偿基金和重点产业知识产权运营基金试点。

（三十一）加强知识产权专业人才队伍建设

加强知识产权相关学科建设，完善产学研联合培养模式，在管理学和经济学中增设知识产权专业，加强知识产权专业学位教育。加大对各类创新人才的知识产权培训力度。鼓励我国知识产权人才获得海外相应资格证书。鼓励各地引进高端知识产权人才，并参照有关人才引进计划给予相关待遇。探索建立知识产权国际化人才储备库和利用知识产权发现人才的信息平台。进一步完善知识产权职业水平评价制度，稳定和壮大知识产权专业人才队伍。选拔培训一批知识产权创业导师，加强青年创业指导。

（三十二）加强宣传引导

各地区、各有关部门要加强知识产权文化建设，加大宣传力度，广泛开展知识产权普及型教育，加强知识产权公益宣传和咨询服务，提高全社会知识产权意识，使尊重知识、崇尚创新、诚信守法理念深入人心，为加快建设知识产权强国营造良好氛围。

国务院

2015 年 12 月 18 日

"十三五"国家知识产权保护和运用规划
（国发〔2016〕86号）

为贯彻落实党中央、国务院关于知识产权工作的一系列重要部署，全面深入实施《国务院关于新形势下加快知识产权强国建设的若干意见》（国发〔2015〕71号），提升知识产权保护和运用水平，依据《中华人民共和国国民经济和社会发展第十三个五年规划纲要》，制定本规划。

一 规划背景

"十二五"时期，各地区、各相关部门深入实施国家知识产权战略，促进知识产权工作融入经济社会发展大局，为创新驱动发展提供了有力支撑，进一步巩固了我国的知识产权大国地位。发明专利申请量和商标注册量稳居世界首位。与"十一五"末相比，每万人口发明专利拥有量达到6.3件，增长了3倍；每万市场主体的平均有效商标拥有量达到1335件，增长了34.2%；通过《专利合作条约》途径提交的专利申请量（以下简称PCT专利申请量）达到3万件，增长了2.4倍，跻身世界前三位；植物新品种申请量居世界第二位；全国作品登记数量和计算机软件著作权登记量分别增长95.9%和282.5%；地理标志、集成电路布图设计等注册登记数量大幅增加。知识产权制度进一步健全，知识产权创造、运用、保护、管理和服务的政策措施更加完善，专业人才队伍不断壮大。市场主体知识产权综合运用能力明显提高，国际合作水平显著提升，形成了一批具有国际竞争力的知识产权优势企业。知识产权质押融资额达到3289亿元，年均增长38%。专利、商标许可备案分别达到4万件、14.7万件，版权产业对国民经济增长的贡献率超过7%。知识产权司法保护体系不断完善，在北京、上海和广州相继设立知识产权法院，民事、刑事、行政案件的"三合一"审理机制改革试点基本完成，司法裁判标准更加细致完备，司法保护能力与水平不断提升。知识产权行政保护不断加强，全国共查处专利侵权假冒案件8.7万件，商标权、商业秘密和其他销售假冒伪劣商品等侵权假冒案件32.2万件，侵权盗版案件3.5万件。全社会知识产权意识得到普遍增强。

同时，我国知识产权数量与质量不协调、区域发展不平衡、保护还不够严格等问题依然突出。核心专利、知名品牌、精品版权较少，布局还不合理。与经济发展融合还不够紧密，转移转化效益还不够高，影响企业知识产权竞争能力提升。侵权易发多发，维权仍面临举证难、成本高、赔偿低等问题，影响创新创业热情。管理体制机制还不够完善，国际交流合作深度与广度还有待进一步拓展。

"十三五"时期是我国由知识产权大国向知识产权强国迈进的战略机遇期。国际知识产权竞争更加激烈。我国经济发展进入速度变化、结构优化、动力转换的新常态。知识产权作为科技成果向现实生产力转化的重要桥梁和纽带，激励创新的基本保障作用更加突出。各地区、各相关部门要准确把握新形势新特点，深化知识产权领域改革，破除制约知识产权发展的障碍，全面提高知识产权治理能力，推动知识产权事业取得突破性进展，为促进经济提质增效升级提供有力支撑。

二 指导思想、基本原则和发展目标

（一）指导思想

全面贯彻党的十八大和十八届三中、四中、五中、六中全会精神，以邓小平理论、"三个代表"重要思想、科学发展观为指导，深入贯彻习近平总书记系列重要讲话精神，紧紧围绕统筹推进"五位一体"总体布局和协调推进"四个全面"战略布局，牢固树立和贯彻落实创新、协调、绿色、开放、共享的发展理念，认真落实党中央、国务院决策部署，以供给侧结构性改革为主线，深入实施国家知识产权战略，深化知识产权领域改革，打通知识产权创造、运用、保护、管理和服务的全链条，严格知识产权保护，加强知识产权运用，提升知识产权质量和效益，扩大知识产权国际影响力，加快建设中国特色、世界水平的知识产权强国，为实现"两个一百年"奋斗目标和中华民族伟大复兴的中国梦提供更加有力的支撑。

（二）基本原则

坚持创新引领。推动知识产权领域理论、制度、文化创新，探索知识产权工作新理念和新模式，厚植知识产权发展新优势，保障创新者的合法权益，激发全社会创新创造热情，培育经济发展新动能。

坚持统筹协调。加强知识产权工作统筹，推进知识产权与产业、科技、环保、金融、贸易以及军民融合等政策的衔接。做好分类指导和区域布局，坚持总体提升与重点突破相结合，推动知识产权事业全面、协调、可持续发展。

坚持绿色发展。加强知识产权资源布局，优化知识产权法律环境、政策环境、社会环境和产业生态，推进传统制造业绿色改造，促进产业低碳循环发展，推动资源利用节约高效、生态环境持续改善。

坚持开放共享。统筹国内国际两个大局，加强内外联动，增加公共产品和公共服务有效供给，强化知识产权基础信息互联互通和传播利用，积极参与知识产权全球治理，推动国际知识产权制度向普惠包容、平衡有效的方向发展，持续提升国际影响力和竞争力。

（三）发展目标

到 2020 年，知识产权战略行动计划目标如期完成，知识产权重要领域和关键环节的改革取得决定性成果，保护和运用能力得到大幅提升，建成一批知识产权强省、强市，为促进大众创业、万众创新提供有力保障，为建设知识产权强国奠定坚实基础。

——知识产权保护环境显著改善。知识产权法治环境显著优化，法律法规进一步健全，权益分配更加合理，执法保护体系更加健全，市场监管水平明显提升，保护状况社会满意度大幅提高。知识产权市场支撑环境全面优化，服务业规模和水平较好地满足市场需求，形成"尊重知识、崇尚创新、诚信守法"的文化氛围。

——知识产权运用效益充分显现。知识产权的市场价值显著提高，产业化水平全面提升，知识产权密集型产业占国内生产总值

（GDP）比重明显提高，成为经济增长新动能。知识产权交易运营更加活跃，技术、资金、人才等创新要素以知识产权为纽带实现合理流动，带动社会就业岗位显著增加，知识产权国际贸易更加活跃，海外市场利益得到有效维护，形成支撑创新发展的运行机制。

——知识产权综合能力大幅提升。知识产权拥有量进一步提高，核心专利、知名品牌、精品版权、优秀集成电路布图设计、优良植物新品种等优质资源大幅增加。行政管理能力明显提升，基本形成权界清晰、分工合理、责权一致、运转高效、法治保障的知识产权体制机制。专业人才队伍数量充足、素质优良、结构合理。构建知识产权运营公共服务平台体系，建成便民利民的知识产权信息公共服务平台。知识产权运营、金融等业态发育更加成熟，资本化、商品化和产业化的渠道进一步畅通，市场竞争能力大幅提升，形成更多具有国际影响力的知识产权优势企业。国际事务处理能力不断提高，国际影响力进一步提升。

表1　　　　　　　"十三五"知识产权保护和运用主要指标

指　标	2015 年	2020 年	累计增加值	属性
每万人口发明专利拥有量（件）	6.3	12	5.7	预期性
PCT 专利申请量（万件）	3	6	3	预期性
植物新品种申请总量（万件）	1.7	2.5	0.8	预期性
全国作品登记数量（万件）	135	220	85	预期性
年度知识产权质押融资金额（亿元）	750	1800	1050	预期性
计算机软件著作权登记数量（万件）	29	44	15	预期性
规模以上制造业每亿元主营业务收入有效发明专利数（件）	0.56	0.7	0.14	预期性
知识产权使用费出口额（亿美元）	44.4	100	55.6	预期性
知识产权服务业营业收入年均增长（%）	20	20	—	预期性
知识产权保护社会满意度（分）	70	80	10	预期性

注：知识产权使用费出口额为五年累计值。

三 主要任务

贯彻落实党中央、国务院决策部署，深入实施知识产权战略，深化知识产权领域改革，完善知识产权强国政策体系，全面提升知识产权保护和运用水平，全方位多层次加快知识产权强国建设。

（一）深化知识产权领域改革

积极研究探索知识产权管理体制机制改革，努力在重点领域和关键环节取得突破性成果。支持地方开展知识产权综合管理改革试点。建立以知识产权为重要内容的创新驱动评价体系，推动知识产权产品纳入国民经济核算，将知识产权指标纳入国民经济和社会发展考核体系。推进简政放权，简化和优化知识产权审查和注册流程。放宽知识产权服务业准入，扩大代理领域开放程度，放宽对专利代理机构股东和合伙人的条件限制。加快知识产权权益分配改革，完善有利于激励创新的知识产权归属制度，构建提升创新效率和效益的知识产权导向机制。

（二）严格实行知识产权保护

加快知识产权法律、法规、司法解释的制修订，构建包括司法审判、刑事司法、行政执法、快速维权、仲裁调解、行业自律、社会监督的知识产权保护工作格局。充分发挥全国打击侵犯知识产权和制售假冒伪劣商品工作领导小组作用，调动各方积极性，形成工作合力。以充分实现知识产权的市场价值为指引，进一步加大损害赔偿力度。推进诉讼诚信建设，依法严厉打击侵犯知识产权犯罪。强化行政执法，改进执法方式，提高执法效率，加大对制假源头、重复侵权、恶意侵权、群体侵权的查处力度，为创新者提供更便利的维权渠道。加强商标品牌保护，提高消费品商标公共服务水平。规范有效保护商业秘密。持续推进政府机关和企业软件正版化工作。健全知识产权纠纷的争议仲裁和快速调解制度。充分发挥行业组织的自律作用，引导企业强化主体责任。深化知识产权保护的区域协作和国际合作。

（三）促进知识产权高效运用

突出知识产权在科技创新、新兴产业培育方面的引领作用，大力发展知识产权密集型产业，完善专利导航产业发展工作机制，深入开展知识产权评议工作。加大高技术含量知识产权转移转化力度。创新知识产权运营模式和服务产品。完善科研开发与管理机构的知识产权管理制度，探索建立知识产权专员派驻机制。建立健全知识产权服务标准，完善知识产权服务体系。完善"知识产权＋金融"服务机制，深入推进质押融资风险补偿试点。推动产业集群品牌的注册和保护，开展产业集群、品牌基地、地理标志、知识产权服务业集聚区培育试点示范工作。推动军民知识产权转移转化，促进军民融合深度发展。

四　重点工作

（一）完善知识产权法律制度

1. 加快知识产权法律法规建设。加快推动专利法、著作权法、反不正当竞争法及配套法规、植物新品种保护条例等法律法规的制修订工作。适时做好地理标志立法工作，健全遗传资源、传统知识、民间文艺、中医药、新闻作品、广播电视节目等领域法律制度。完善职务发明制度和规制知识产权滥用行为的法律制度，健全国防领域知识产权法规政策。

2. 健全知识产权相关法律制度。研究完善商业模式和实用艺术品等知识产权保护制度。研究"互联网＋"、电子商务、大数据等新业态、新领域知识产权保护规则。研究新媒体条件下的新闻作品版权保护。研究实质性派生品种保护制度。制定关于滥用知识产权的反垄断指南。完善商业秘密保护法律制度，明确商业秘密和侵权行为界定，探索建立诉前保护制度。

专栏1　知识产权法律完善工程

推动修订完善知识产权法律、法规和部门规章。配合全国人大常委会完成专利法第四次全面修改。推进著作权法第三次修改。根据专利法、著作权法修改进度适时推进专利法实施细则、专利审查指南、著作权法实施条例等配套法规和部门规章的修订。完成专利代理条例和国防专利条例修订。

> 支持开展立法研究。组织研究制定知识产权基础性法律的必要性和可行性。研究在民事基础性法律中进一步明确知识产权制度的基本原则、一般规则及重要概念。研究开展反不正当竞争法、知识产权海关保护条例、生物遗传资源获取管理条例以及中医药等领域知识产权保护相关法律法规制修订工作。

（二）提升知识产权保护水平

1. 发挥知识产权司法保护作用。推动知识产权领域的司法体制改革，构建公正高效的知识产权司法保护体系，形成资源优化、科学运行、高效权威的知识产权综合审判体系，推进知识产权民事、刑事、行政案件的"三合一"审理机制，努力为知识产权权利人提供全方位和系统有效的保护，维护知识产权司法保护的稳定性、导向性、终局性和权威性。进一步发挥司法审查和司法监督职能。加强知识产权"双轨制"保护，发挥司法保护的主导作用，完善行政执法和司法保护两条途径优势互补、有机衔接的知识产权保护模式。加大对知识产权侵权行为的惩治力度，研究提高知识产权侵权法定赔偿上限，针对情节严重的恶意侵权行为实施惩罚性赔偿并由侵权人承担实际发生的合理开支。积极开展知识产权民事侵权诉讼程序与无效程序协调的研究。及时、有效做好知识产权司法救济工作。支持开展知识产权司法保护对外合作。

2. 强化知识产权刑事保护。完善常态化打防工作格局，进一步优化全程打击策略，全链条惩治侵权假冒犯罪。深化行政执法部门间的协作配合，探索使用专业技术手段，提升信息应用能力和数据运用水平，完善与电子商务企业协作机制。加强打假专业队伍能力建设。深化国际执法合作，加大涉外知识产权犯罪案件侦办力度，围绕重点案件开展跨国联合执法行动。

3. 加强知识产权行政执法体系建设。加强知识产权行政执法能力建设，统一执法标准，完善执法程序，提高执法专业化、信息化、规范化水平。完善知识产权联合执法和跨地区执法协作机制，积极开展执法专项行动，重点查办跨区域、大规模和社会反映强烈的侵权案件。建立完善专利、版权线上执法办案系统。完善打击侵权假冒商品的举报投诉机制。创新知识产权快速维权工作机制。完善知识产权行政执法监督，加强执法维权绩效管理。加大展会知识产权保护力度。加强严格知识产权保护的绩效评价，持续开展知识产权保护社会满意度调查。建立知识产权纠纷多元解决机制，加强知识产权仲裁机构和纠纷调解机构建设。

4. 强化进出口贸易知识产权保护。落实对外贸易法中知识产权保护相关规定，适时出台与进出口贸易相关的知识产权保护政策。改进知识产权海关保护执法体系，加大对优势领域和新业态、新领域创新成果的知识产权海关保护力度。完善自由贸易试验区、海关特殊监管区内货物及过境、转运、通运货物的知识产权海关保护执法程序，在确保有效监管的前提下促进贸易便利。坚持专项整治、丰富执法手段、完善运行机制，提高打击侵权假冒执行力度，突出打击互联网领域跨境电子商务侵权假冒违法活动。加强国内、国际执法合作，完善从生产源头到流通渠道、消费终端的全链条式管理。

5. 强化传统优势领域知识产权保护。开展遗传资源、传统知识和民间文艺等知识产权资源调查。制定非物质文化遗产知识产权工作指南，加强对优秀传统知识资源的保护和运用。完善传统知识和民间文艺登记、注册机制，鼓励社会资本发起设立传统知识、民间文艺保护和发展基金。研究完善中国遗传资源保护利用制度，建立生物遗传资源获取的信息披露、事先知情同意和惠益分享制度。探索构建中医药知识产权综合保护体系，建立医药传统知识保护名录。建立民间文艺作品的使用保护制度。

6. 加强新领域新业态知识产权保护。加大宽带移动互联网、云计算、物联网、大数据、高性能计算、移动智能终端等领域的知识产权保护力度。强化在线监测，深入开展打击网络侵权假冒行为专项行动。加强对网络服务商传播影视剧、广播电视节目、音乐、文学、新闻、软件、游戏等监督管理工作，积极推进网络知识产权保护协作，将知识产权执法职责与电子商务企业的管理责任结合起来，建立信息报送、线索共享、案件研判和专业培训合作机制。

7. 加强民生领域知识产权保护。加大对食品、药品、环境等领域的知识产权保护力度，健全侵权假冒快速处理机制。建立健全创新药物、新型疫苗、先进医疗装备等领域的知识产权保护长效工作机制。加强污染治理和资源循环利用等生态环保领域的专利保护力度。开展知识产权保护进乡村专项行动，建立县域及乡镇部门协作执法机制和重大案件联合督办制度，加强农村市场知识产权行政执法条件建设。针对电子、建材、汽车配件、小五金、食品、农资等专业市场，加大对侵权假冒商品的打击力度，严堵侵权假冒商品的流通渠道。

专栏 2　知识产权保护工程

开展系列专项行动。重点打击侵犯注册商标专用权、擅自使用他人知名商品特有名称包装装潢、冒用他人企业名称或姓名等仿冒侵权违法行为。针对重点领域开展打击侵权盗版专项行动，突出大案要案查处、重点行业专项治理和网络盗版监管，持续开展"红盾网剑""剑网"专项行动，严厉打击网络侵权假冒等违法行为。开展打击侵犯植物新品种权和制售假劣种子行为专项行动。

推进跨部门跨领域跨区域执法协作。加大涉嫌犯罪案件移交工作力度。开展与相关国际组织和境外执法部门的联合执法。加强大型商场、展会、电子商务、进出口等领域知识产权执法维权工作。

加强"12330"维权援助与举报投诉体系建设。强化"12330"平台建设，拓展维权援助服务渠道。提升平台服务质量，深入对接产业联盟、行业协会。

完善知识产权快速维权机制。加快推进知识产权快速维权中心建设，提升工作质量与效率。推进快速维权领域由单一行业向多行业扩展、类别由外观设计向实用新型专利和发明专利扩展、区域由特定地区向省域辐射，在特色产业集聚区和重点行业建立一批知识产权快速维权中心。

推进知识产权领域信用体系建设。推进侵权纠纷案件信息公示工作，严格执行公示标准。将故意侵权行为纳入社会信用评价体系，明确专利侵权等信用信息的采集规则和使用方式，向征信机构公开相关信息。积极推动建立知识产权领域信用联合惩戒机制。

（三）提高知识产权质量效益

1. 提高专利质量效益。建立专利申请质量监管机制。深化专利代理领域改革。健全专利审查质量管理机制。优化专利审查流程与方式。完善专利审查协作机制。继续深化专利审查业务国际合作，拓展"专利审查高速路"国际合作网络。加快建设世界一流专利审查机构。加强专利活动与经济效益之间的关联评价。完善专利奖的评审与激励政策，发挥专利奖标杆引领作用。

专栏3　专利质量提升工程

提升发明创造和专利申请质量。在知识产权强省、强市建设和有关试点示范工作中强化专利质量评价和引导。建立专利申请诚信档案，持续开展专利申请质量监测与反馈。

提升专利审查质量。加强审查业务指导体系和审查质量保障体系建设。完善绿色技术专利申请优先审查机制。做好基于审查资源的社会服务工作。构建专利审查指南修订常态化机制。改进审查周期管理，满足创新主体多样化需求。加强与行业协会、代理人、申请人的沟通，形成快捷高效的外部质量反馈机制，提高社会满意度。加大支撑专利审查的信息化基础设施建设。

提升专利代理质量。深化专利代理领域"放管服"改革，提高行业管理水平。强化竞争机制和行业自律，加大对代理机构和代理人的执业诚信信息披露力度。针对专利代理机构的代理质量构建反馈、评价、约谈、惩戒机制。

> 提升专利运用和保护水平。加快知识产权运营公共服务平台体系建设，为专利转移转化、收购托管、交易流转、质押融资、专利导航等提供平台支撑，提高专利运用效益。制定出台相关政策，营造良好的专利保护环境，促进高质量创造和高价值专利实施。

2. 实施商标战略。提升商标注册便利化水平，优化商标审查体系，建立健全便捷高效的商标审查协作机制。提升商标权保护工作效能，为商标建设营造公平竞争的市场环境。创新商标行政指导和服务监管方式，提升企业运用商标制度能力，打造知名品牌。研究建立商标价值评估体系，构建商标与国民生产总值、就业规模等经济指标相融合的指标体系。建立国家商标信息库。

3. 打造精品版权。全面完善版权社会服务体系，发挥版权社会服务机构的作用。推动版权资产管理制度建设。建立版权贸易基地、交易中心工作协调机制。充分发挥全国版权示范城市、单位、园区（基地）的示范引导作用。打造一批规模化、集约化、专业化的版权企业，带动版权产业健康快速发展。鼓励形成一批拥有精品品牌的广播影视播映和制作经营机构，打造精品影视节目版权和版权产业链。鼓励文化领域商业模式创新，大力发展版权代理和版权经纪业务，促进版权产业和市场的发展。

4. 加强地理标志、植物新品种和集成电路布图设计等领域知识产权工作。建立地理标志联合认定机制，加强我国地理标志在海外市场注册和保护工作。推动建立统筹协调的植物新品种管理机制，推进植物新品种测试体系建设，加快制定植物新品种测试指南，提高审查测试水平。加强种子企业与高校、科研机构的协作创新，建立授权植物新品种的基因图谱数据库，为维权取证和执法提供技术支撑。完善集成电路布图设计保护制度，优化集成电路布图设计的登记和撤销程序，充分发挥集成电路布图设计制度的作用，促进集成电路产业升级发展。

（四）加强知识产权强省、强市建设

1. 建成一批知识产权强省、强市。推进引领型、支撑型、特色型知识产权强省建设，发挥知识产权强省的示范带动作用。深入开展知识产权试点示范工作，可在国家知识产权示范城市、全国版权示范城市等基础上建成一批布局合理、特色明显的知识产权强市。进一步探索建设适合国情的县域知识产权工作机制。

2. 促进区域知识产权协调发展。推动开展知识产权区域布局试点，形成以知识产权资源为核心的配置导向目录，推进区域知识产权资源配置和政策优化调整。支持西部地区改善创新环境，加快知识产权发展，提升企业事业单位知识产权创造运用水平。制定实施支持东北地区等老工业基地振兴的知识产权政策，推动东北地区等老工业基地传统制造业转型升级。提升中部地区特色优势产业的知识产权水平。支持东部地区在知识产权运用方面积极探索、率先发展，培育若干带动区域知识产权协同发展的增长极。推动京津冀知识产权保护一体、运用协同、服务共享，促进创新要素自由合理流动。推进长江经济带知识产权建设，引导产业优化布局和分工协作。

3. 做好知识产权领域扶贫工作。加大对边远地区传统知识、遗传资源、民间文艺、中医药等领域知识产权的保护与运用力度。利用知识产权人才优势、技术优势和信息优势进一步开发地理标志产品，加强植物新品种保护，引导注册地理标志商标，推广应用涉农专利技术。开展知识产权富民工作，推进实施商标富农工程，充分发挥农产品商标和地理标志在农业产业化中的作用，培育一批知识产权扶贫精品项目。支持革命老区、民族地区、边疆地区、贫困地区加强知识产权机构建设，提升知识产权数量和保护水平。

（五）加快知识产权强企建设

1. 提升企业知识产权综合能力。推行企业知识产权管理国家标准，在生产经营、科技创新中加强知识产权全过程管理。完善知识产权认证制度，探索建立知识产权管理体系认证结果的国际互认机制。推动开展知识产权协同运用，鼓励和支持大型企业开展知识产权评议工作，在重点领域合作中开展知识产权评估、收购、运营、风险预警与应对。切实增强企业知识产权意识，支持企业加大知识产权投入，提高竞争力。

2. 培育知识产权优势企业。出台知识产权优势企业建设指南，推动建立企业知识产权服务机制，引导优质服务力量助力企业形成知识产权竞争优势。出台知识产权示范企业培育指导性文件，提升企业知识产权战略管理能力、市场竞争力和行业影响力。

3. 完善知识产权强企工作支撑体系。完善知识产权资产的财务、评估等管理制度及相关会计准则，引导企业发布知识产权经营报告书。提升企业知识产权资产管理能力，推动企业在并购重组、股权激励、对外投资等活动中的知识产权资产管理。加强政府、企业和社会的协作，引导企业开展形式多样的知识产权资本化运作。

专栏4　知识产权强企工程

推行企业知识产权管理规范。建立政策引导、咨询服务和第三方认证体系。培养企业知识产权管理专业化人才队伍。

制订知识产权强企建设方案。建立分类指导的政策体系，塑造企业示范典型，培育一批具备国际竞争优势的知识产权领军企业。实施中小企业知识产权战略推进工程，加大知识产权保护援助力度，构建服务支撑体系，扶持中小企业创新发展。

鼓励企业国际化发展。引导企业开展海外知识产权布局。发挥知识产权联盟作用，鼓励企业将专利转化为国际标准。促进知识产权管理体系标准、认证国际化。

（六）推动产业升级发展

1. 推动专利导航产业发展。深入实施专利导航试点工程，引导产业创新发展，开展产业知识产权全球战略布局，助推产业提质增效升级。面向战略性新兴产业，在新材料、生物医药、物联网、新能源、高端装备制造等领域实施一批产业规划类和企业运营类专利导航项目。在全面创新改革试验区、自由贸易试验区、中外合作产业园区、知识产权试点示范园区等重点区域，推动建立专利导航产业发展工作机制。

2. 完善"中国制造"知识产权布局。围绕"中国制造2025"的重点领域和"互联网＋"行动的关键环节，形成一批产业关键核心共性技术知识产权。实施制造业知识产权协同运用推进工程，在制造业创新中心建设等重大工程实施中支持骨干企业、高校、科研院所协同创新、联合研发，形成一批产业化导向的专利组合，强化创新成果转化运用。

3. 促进知识产权密集型产业发展。制定知识产权密集型产业目录和发展规划，发布知识产权密集型产业的发展态势报告。运用股权投资基金等市场化方式，引导社会资金投入知识产权密集型产业。加大政府采购对知识产权密集型产品的支持力度。鼓励有条件的地区发展知识产权密集型产业集聚区，构建优势互补的产业协调发展格局。建设一批高增长、高收益的知识产权密集型产业，促进产业提质增效升级。

4. 支持产业知识产权联盟发展。鼓励组建产业知识产权联盟，开展联盟备案管理和服务，建立重点产业联盟管理库，对联盟发展状况进行评议监测和分类指导。支持成立知识产权服务联盟。属于社会组织的，依法履行登记手续。支持联盟构筑和运营产业专利池，推动形成标准必要专利，建立重点产业知识产权侵权监控和风险应对机制。鼓励社会资本设立知识产权产业化专项基金，充分发挥重点产业知识产权运营基金作用，提高产业知识产权运营水平与国际竞争力，保障产业技术安全。

5. 深化知识产权评议工作。实施知识产权评议工程，研究制定相关政策。围绕国家重大产业规划、政府重大投资项目等开展知识产权评议，积极探索重大科技经济活动知识产权评议试点。建立国家科技计划（专项、基金等）知识产权目标评估制度。加强知识产权评议专业机构建设和人才培养，积极推动评议成果运用，建立重点领域评议报告发布机制。推动制定评议服务相关标准。鼓励和支持行业骨干企业与专业机构在重点领域合作开展评议工作，提高创新效率，防范知识产权风险。

专栏5 知识产权评议工程

推进重点领域知识产权评议工作。加强知识产权主管部门与产业主管部门间的沟通协作，围绕国家科技重大专项以及战略性新兴产业，针对高端通用芯片、高档数控机床、集成电路装备、宽带移动通信、油气田、核电站、水污染治理、转基因生物新品种、新药创制、传染病防治等领域的关键核心技术深入开展知识产权评议工作，及时提供或发布评议报告。

提升知识产权评议能力。制定发布重大经济活动评议指导手册和分类评议实务指引，规范评议范围和程序。实施评议能力提升计划，支持开发评议工具，培养一批评议人才。

培育知识产权评议服务力量。培育知识产权评议服务示范机构，加强服务供需对接。推动评议服务行业组织建设，支持制定评议服务标准，鼓励联盟实施行业自律。加强评议服务机构国际交流，拓展服务空间。

---

6. 推动军民知识产权转移转化。加强国防知识产权保护，完善国防知识产权归属与利益分配机制。制定促进知识产权军民双向转化的指导意见。放开国防知识产权代理服务行业，建立和完善相应的准入退出机制。推动国防知识产权信息平台建设，分类建设国防知识产权信息资源，逐步开放检索。营造有利于军民协同创新、双向转化的国防科技工业知识产权政策环境。建设完善国防科技工业知识产权平台，完成专利信息平台建设，形成更加完善的国防科技工业专利基础数据库。

（七）促进知识产权开放合作

1. 加强知识产权国际交流合作。进一步加强涉外知识产权事务的统筹协调。加强与经贸相关的多双边知识产权对外谈判、双边知识产权合作磋商机制及国内立场的协调等工作。积极参与知识产权国际规则制定，加快推进保护广播组织条约修订，推动公共健康《多哈宣言》落实和视听表演《北京条约》尽快生效，做好我国批准《马拉喀什条约》相关准备工作。加强与世界知识产权组织、世界贸易组织及相关国际组织的交流合作。拓宽知识产权公共外交渠道。继续巩固发展知识产权多双边合作关系，加强与"一带一路"沿线国家、"金砖国家"的知识产权交流合作。加强我国驻国际组织、主要国家和地区外交机构中涉知识产权事务的人才储备和人力配备。

2. 积极支持创新企业"走出去"。健全企业海外知识产权维权援助体系。鼓励社会资本设立中国企业海外知识产权维权援助服务基金。制定实施应对海外产业重大知识产权纠纷的政策。完善海外知识产权信息服务平台，发布相关国家和地区知识产权制度环境等信息。支持企业广泛开展知识产权跨国交易，推动有自主知识产权的服务和产品"走出去"。继续开展外向型企业海外知识产权保护以及纠纷应对实务培训。

专栏6　知识产权海外维权工程

健全风险预警机制。推动企业在人才引进、国际参展、产品和技术进出口、企业并购等活动中开展知识产权风险评估，提高企业应对知识产权纠纷能力。加强对知识产权案件的跟踪研究，及时发布风险提示。

建立海外维权援助机制。加强中国保护知识产权海外维权信息平台建设。发布海外知识产权服务机构和专家名录及案例数据库。建立海外展会知识产权快速维权长效机制，组建海外展会快速维权中心，建立海外展会快速维权与常规维权援助联动的工作机制。

五　重大专项

（一）加强知识产权交易运营体系建设

1. 完善知识产权运营公共服务平台。发挥中央财政资金引导作用，建设全国知识产权运营公共服务平台，依托文化产权、知识产权等无形资产交易场所开展版权交易，审慎设立版权交易平台。出台有关行业管理规则，加强对知识产权交易运营的业务指导和行业管理。以知识产权运营公共服务平台为基础，推动建立基于互联网、基础统一的知识产权质押登记平台。

2. 创新知识产权金融服务。拓展知识产权质押融资试点内容和工作范围，完善风险管理以及补偿机制，鼓励社会资本发起设立小微企业风险补偿基金。探索开展知识产权证券化和信托业务，支持以知识产权出资入股，在依法合规的前提下开展互联网知识产权金融服务，加强专利价值分析与应用效果评价工作，加快专利价值分析标准化建设。加强对知识产权质押的动态管理。

3. 加强知识产权协同运用。面向行业协会、高校和科研机构深入开展专利协同运用试点，建立订单式发明、投放式创新的专利协同运用机制。培育建设一批产业特色鲜明、优势突出，具有国际影响力的专业化知识产权运营机构。强化行业协会在知识产权联合创造、协同运用、合力保护、共同管理等方面的作用。鼓励高校和科研机构强化知识产权申请、运营权责，加大知识产权转化力度。引导高校院所、企业联合共建专利技术产业化基地。

专栏 7　知识产权投融资服务工程

建设全国知识产权运营公共服务体系。推进知识产权运营交易全过程电子化，积极开展知识产权运营项目管理。加快培育国家专利运营试点企业，加快推进西安知识产权军民融合试点、珠海知识产权金融试点及华北、华南等区域知识产权运营中心建设。

深化知识产权投融资工作。优化质押融资服务机制，鼓励有条件的地区建立知识产权保险奖补机制。研究推进知识产权海外侵权责任保险工作。深入开展知识产权质押融资风险补偿基金和重点产业知识产权运营基金试点。探索知识产权证券化，完善知识产权信用担保机制，推动发展投贷联动、投保联动、投债联动等新模式。

创新知识产权投融资产品。在全面创新改革试验区引导创业投资基金、股权投资基金加强对知识产权领域的投资。

创新管理运行方式。支持探索知识产权创造与运营的众包模式，鼓励金融机构在风险可控和商业可持续的前提下，基于众创、众包、众扶等新模式特点开展金融产品和服务创新，积极发展知识产权质押融资，促进"互联网＋"知识产权融合发展。

（二）加强知识产权公共服务体系建设

1. 提高知识产权公共服务能力。建立健全知识产权公共服务网络，增加知识产权信息公共服务产品供给。推动知识产权基础信息与经济、法律、科技、产业运行等其他信息资源互联互通。实施产业知识产权服务能力提升行动，创新对中小微企业和初创型企业的服务方式。发展"互联网＋"知识产权服务等新模式，培育规模化、专业化、市场化、国际化的知识产权服务品牌机构。

2. 建设知识产权信息公共服务平台。实现专利、商标、版权、集成电路布图设计、植物新品种、地理标志以及知识产权诉讼等基础信息资源免费或低成本开放共享。运用云计算、大数据、移动互联网等技术，实现平台知识产权信息统计、整合、推送服务。

专栏8　知识产权信息公共服务平台建设工程

建设公共服务网络。制定发布知识产权公共服务事项目录和办事指南。增加知识产权信息服务网点，加强公共图书馆、高校图书馆、科技信息服务机构、行业组织等的知识产权信息服务能力建设。

创建产业服务平台。依托专业机构创建一批布局合理、开放协同、市场化运作的产业知识产权信息公共服务平台，在中心城市、自由贸易试验区、国家自主创新示范区、国家级高新区、国家级经济技术开发区等提供知识产权服务。在众创空间等创新创业平台设置知识产权服务工作站。

> 整合服务和数据资源。整合知识产权信息资源、创新资源和服务资源，推进实体服务与网络服务协作，促进从研发创意、知识产权化、流通化到产业化的协同创新。建设专利基础数据资源开放平台，免费或低成本扩大专利数据的推广运用。建立财政资助项目形成的知识产权信息和上市企业知识产权信息公开窗口。

3. 建设知识产权服务业集聚区。在自由贸易试验区、国家自主创新示范区、国家级高新区、中外合作产业园区、国家级经济技术开发区等建设一批国家知识产权服务业集聚区。鼓励知识产权服务机构入驻创新创业资源密集区域，提供市场化、专业化的服务，满足创新创业者多样化需求。针对不同区域，加强分类指导，引导知识产权服务资源合理流动，与区域产业深度对接，促进经济提质增效升级。

4. 加强知识产权服务业监管。完善知识产权服务业统计制度，建立服务机构名录库。成立知识产权服务标准化技术组织，推动完善服务标准体系建设，开展标准化试点示范。完善专利代理管理制度，加强事中事后监管。健全知识产权服务诚信信息管理、信用评价和失信惩戒等管理制度，及时披露相关执业信息。研究建立知识产权服务业全国性行业组织。具备条件的地方，可探索开展知识产权服务行业协会组织"一业多会"试点。

（三）加强知识产权人才培育体系建设

1. 加强知识产权人才培养。加强知识产权相关学科专业建设，支持高等学校在管理学和经济学等学科中增设知识产权专业，支持理工类高校设置知识产权专业。加强知识产权学历教育和非学历继续教育，加强知识产权专业学位教育。构建政府部门、高校和社会相结合的多元知识产权教育培训组织模式，支持行业组织与专业机构合作，加大实务人才培育力度。加强国家知识产权培训基地建设工作，完善师资、教材、远程系统等基础建设。加大对领导干部、企业家和各类创新人才的知识产权培训力度。鼓励高等学校、科研院所开展知识产权国际学术交流，鼓励我国知识产权人才获得海外相应资格证书。推动将知识产权课程纳入各级党校、行政学院培训和选学内容。

2. 优化知识产权人才成长体系。加强知识产权高层次人才队伍建设，加大知识产权管理、运营和专利信息分析等人才培养力度。统筹协调知识产权人才培训、实践和使用，加强知识产权领军人才、国际化专业人才的培养与引进。构建多层次、高水平的知识产权智库体系。探索建立行业协会和企业事业单位专利专员制度。选拔一批知识产权创业导师，加强创新创业指导。

3. 建立人才发现与评价机制。建立人才引进使用中的知识产权鉴定机制，利用知识产权信息发现人才。完善知识产权职业水平评价制度，制定知识产权专业人员能力素质标准。鼓励知识产权服务人才和创新型人才跨界交流和有序流动，防范人才流动法律风险。建立创新人才知识产权维权援助机制。

（四）加强知识产权文化建设

1. 加大知识产权宣传普及力度。健全知识产权新闻发布制度，拓展信息发布渠道。组织开展全国知识产权宣传周、中国专利周、绿书签、中国国际商标品牌节等重大宣传活动。丰富知识产权宣传普及形式，发挥新媒体传播作用。支持优秀作品创作，推出具有影响力的知识产权题材影视文化作品，弘扬知识产权正能量。

2. 实施知识产权教育推广计划。鼓励知识产权文化和理论研究，加强普及型教育，推出优秀研究成果和普及读物。将知识产权内容全面纳入国家普法教育和全民科学素养提升工作。

专栏9　知识产权文化建设工程

加强宣传推广。利用新媒体，加强知识产权相关法律法规、典型案例的宣传。讲好中国知识产权故事，推出具有影响力的知识产权主题书籍、影视作品，挖掘报道典型人物和案例。

加强普及型教育。开展全国中小学知识产权教育试点示范工作，建立若干知识产权宣传教育示范学校。引导各类学校把知识产权文化建设与学生思想道德建设、校园文化建设、主题教育活动紧密结合，增强学生的知识产权意识和创新意识。

繁荣文化和理论研究。鼓励支持教育界、学术界广泛参与知识产权理论体系研究，支持创作兼具社会及经济效益的知识产权普及读物，增强知识产权文化传播的针对性和实效性，支撑和促进中国特色知识产权文化建设。

六 实施保障

（一）加强组织协调

各地区、各相关部门要高度重视，加强组织领导，明确责任分工，结合实际细化落实本规划提出的目标任务，制定专项规划、年度计划和配套政策，推动规划有效落实。加强统筹协调，充分发挥国务院知识产权战略实施工作部际联席会议制度作用，做好规划组织实施工作。全国打击侵犯知识产权和制售假冒伪劣商品工作领导小组要切实加强对打击侵犯知识产权和制售假冒伪劣商品工作的统一组织领导。各相关部门要依法履职，认真贯彻落实本规划要求，密切协作，形成规划实施合力。

（二）加强财力保障

加强财政预算与规划实施的相互衔接协调，各级财政按照现行经费渠道对规划实施予以合理保障，鼓励社会资金投入知识产权各项规划工作，促进知识产权事业发展。统筹各级各部门与知识产权相关的公共资源，突出投入重点，优化支出结构，切实保障重点任务、重大项目的落实。

（三）加强考核评估

各地区、各相关部门要加强对本规划实施情况的动态监测和评估工作。国务院知识产权战略实施工作部际联席会议办公室要会同相关部门按照本规划的部署和要求，建立规划实施情况的评估机制，对各项任务落实情况组织开展监督检查和绩效评估工作，重要情况及时报告国务院。

知识产权综合管理改革试点总体方案
（国办发〔2016〕106号）

推进知识产权综合管理改革是深化知识产权领域改革、破解知识产权支撑创新驱动发展"瓶颈"制约的关键，对于切实解决地方知识产权管理体制机制不完善、保护不够严格、服务能力不强、对创新驱动发展战略缺乏强有力支撑等突出问题具有重要意义。按照《国务院关于新形势下加快知识产权强国建设的若干意见》（国发〔2015〕71号）和《中央全面深化改革领导小组2016年工作要点》要求，为充分发挥有条件的地方在知识产权综合管理改革方面的先行探索和示范带动作用，制订本方案。

一 总体要求

（一）指导思想

全面贯彻党的十八大和十八届三中、四中、五中、六中全会精神，深入贯彻习近平总书记系列重要讲话精神，围绕统筹推进"五位一体"总体布局和协调推进"四个全面"战略布局，牢固树立和贯彻落实创新、协调、绿色、开放、共享的发展理念，按照党中央、国务院决策部署，深化知识产权领域改革，依法严格保护知识产权，打通知识产权创造、运用、保护、管理、服务全链条，构建便民利民的知识产权公共服务体系，探索支撑创新发展的知识产权运行机制，有效发挥知识产权制度激励创新的基本保障作用，保障和激励大众创业、万众创新，助推经济发展提质增效和产业结构转型升级。

（二）基本原则

——问题导向。集中资源和力量破解制约知识产权支撑创新驱动发展的难题，因地制宜，实施知识产权综合管理，实行严格的知识产权保护，提升知识产权管理水平。

——紧扣发展。紧贴经济转型发展的重大需求，以改革促发展，充分发挥专利、商标、版权等知识产权的引领作用，有效发挥自主品牌消费对经济增长的拉动作用，激励创新创业，推动供需结构升级。

——统筹推进。统筹中央改革部署与地方改革需求，在有条件的地方开展知识产权综合管理改革试点，及时总结提炼，形成可复制经验，适时推广实施。

——大胆创新。注重顶层设计与基层探索相结合，突破妨碍知识产权发展的思想观念制约，尊重基层首创精神，激发全社会创新活力，允许多种类型、多种模式的改革探索和试验。

（三）试点布局和试点期限

根据国家实施创新驱动发展战略总体部署和重点区域发展战略布局，结合地方知识产权事业发展水平和创新驱动发展对知识产权综合管理改革的需求，选择若干个创新成果多、经济转型步伐快、发挥知识产权引领作用和推动供需结构升级成效显著的地方，开展知识产权综合管理改革试点。改革试点地方选择条件如下：（1）经济发展步入创新驱动转型窗口期，创新资源和创新活动集聚度高，专利、商标、版权等知识产权数量质量居于全国前列；（2）设有或纳入国家统筹的国家自主创新示范区、国家综合配套改革试验区、全面创新改革试验区、自由贸易试验区等各类国家级改革创新试验区和国家战略规划重点区域，或设有知识产权法院的地方；（3）知识产权战略推动地区经济发展成效显著，知识产权管理体制和市场监管体制机制改革走在前面，知识产权行政执法力量较强，知识产权行政执法效能突出。具体试点地方由国家知识产权局会同工商总局、新闻出版广电总局（国家版权局）等部门尽快研究共同确定。试点期限为1年。

（四）工作目标

通过在试点地方深化知识产权综合管理改革，推动形成权界清晰、分工合理、责权一致、运转高效、法治保障的知识产权体制机制。通过深化简政放权、放管结合、优化服务改革，实现知识产权行政管理更加顺畅、执法保护体系进一步完善、知识产权市场监管和公共服务水平明显提升，有力促进大众创业、万众创新，加快知识产权强国建设，为全面建成小康社会提供有力支撑。

二 主要任务

（一）建立高效的知识产权综合管理体制

鼓励多种类型、多种模式的改革探索。科学划分知识产权部门政策引导、公共服务、市场监管职责，探索有效可行的知识产权管理体制机制。按照推进综合执法的要求，减少层次，提高效率，有效避免多层次多头执法。按照实行严格的知识产权保护的要求，结合综合行政执法体制改革，整合优化执法资源，统筹知识产权综合行政执法，避免出现版权执法的重复交叉。加强知识产权工作领导协调机制以及商标战略实施、软件正版化等工作机制建设，做好与知识产权司法工作特别是知识产权法院的衔接。

（二）构建便民利民的知识产权公共服务体系

坚持法定职责必须为、法无授权不可为的原则，大力推行知识产权权力清单、责任清单、负面清单制度，并实行动态管理。加大知识产权领域简政放权力度，强化依法行政，坚持放管结合，合理减少审批和管理事项。放宽专利代理机构准入条件限制，加强知识产权服务机构事中事后监管，完善执业信息披露制度。整合知识产权公共服务资源，优化知识产权公共服务供给，实现知识产权信息等各类服务的便利化、集约化、高效化。加强统筹规划和行业管理，完善知识产权交易市场。加强知识产权维权援助服务，完善知识产权维权援助机制，构建体系完备、运转高效的知识产权维权援助网络。

（三）提升综合运用知识产权促进创新驱动发展的能力

探索支撑创新发展的知识产权运行机制，构建促进市场主体创新发展的知识产权服务体系。建立健全知识产权评议、专利导航机制，完善知识产权风险预警体系，提升区域创新发展决策水平。统筹制定实施知识产权密集型产业促进政策，培育知识产权密集型产业成为新的经济增长点。指导市场主体综合运用专利、商标和版权组合策略，全方位、立体化地保护产品、技术、工业设计等的知识产权。引导市场主体综合运营知识产权，促进知识产权领域军民融合发展，加快药品等领域过期专利技术的有效应用，提升知识产权价值，加速知识产权转化运用。

三　组织实施

（一）加强组织领导

国家知识产权局要牵头会同工商总局、新闻出版广电总局（国家版权局）等部门加强对知识产权综合管理改革试点工作的指导，统筹协调改革试点中的重大政策问题。各试点地方要建立由政府主要领导负责的协调推进机制，将知识产权综合管理改革试点工作纳入重点改革任务，因地制宜研究制订改革试点具体实施方案，积极推进落实改革试点任务。各试点地方具体实施方案应于试点地方确定后两个月内印发实施。

（二）强化政策保障

针对改革试点任务部署和需求，各有关部门要积极研究制定支持改革试点的政策措施。各试点地方政府要按照改革任务要求，研究制定配套政策措施，做好与有关部门的衔接和协调，形成工作合力。

（三）做好评估推广

国家知识产权局要会同工商总局、新闻出版广电总局（国家版权局）等部门做好试点地方改革推进的督促检查和考核评估工作。根据改革试点评估情况，对取得实质效果和成功经验的改革举措，及时提出推广建议，报国务院批准后在更大范围推广。

各有关部门和地方要按照本方案精神，统一思想，密切配合，强化全局和责任意识，勇于创新，主动改革，积极作为，抓好落实，确保改革试点工作取得实效。要及时总结、宣传改革试点进展和成效，加强试点地方工作交流，强化舆论引导，营造有利于知识产权综合管理改革的良好社会环境。

湖南省知识产权战略实施纲要
（湘政发〔2009〕8 号）

为全面贯彻落实科学发展观，提升湖南知识产权创造、运用、保护和管理能力，建设创新型湖南，实现富民强省，根据《国家知识产权战略纲要》总体要求，特制定本实施纲要。

一 序言

（1）知识产权是人们对智力活动创造的成果和经营管理活动中的标记信誉依法享有的权利。主要包括专利、商标、版权及相关权利、地理标志、植物新品种、集成电路布图设计、商业秘密和遗传资源、传统知识、民间文艺等特定领域知识产权。

（2）知识产权制度是开发和利用知识资源的基本制度。它通过合理确定人们对于知识及其他信息的权利，调整人们在创造、运用知识和信息过程中产生的利益关系，激励创新、规范竞争、支撑发展和推动进步。

（3）自我国建立知识产权制度以来，湖南知识产权事业历经 20 多年的发展，取得了较大的成就。知识产权事业纳入了全省经济社会发展的整体规划，社会公众的知识产权意识明显提高，知识产权拥有量稳步增长，知识产权工作体系初步建立，知识产权保护进一步加强，知识产权人才队伍和中介服务机构不断壮大，市场主体运用知识产权制度的能力逐步提高，各方面对知识产权工作的投入逐年增加，知识产权优势企业培育工作取得初步成效。但是，总体上还存在不少问题，市场主体知识产权意识不强，知识产权拥有量与发达地区相比还有一定差距，知识产权服务体系薄弱，知识产权工作体系和专业人才队伍建设滞后，企事业单位运用知识产权制度的能力有待提高，区域知识产权事业发展不平衡，知识产权制度对经济社会发展的促进作用尚未得到充分发挥。

（4）湖南实施知识产权战略，是走新型工业化道路、实现跨越式发展的必然选择，是规范市场经济秩序、扩大对外开放和建立诚信社会的迫切要求，是建设资源节约型、环境友好型社会和实现可持续发展的有力支撑，是推进自主创新、建设创新型湖南的客观需要，是实现又好又快发展和富民强省的必由之路，也是积极实施与全面推进国家知识产权战略的具体举措。

二　指导思想、基本原则和发展目标

（一）指导思想

（5）坚持以邓小平理论和"三个代表"重要思想为指导，深入贯彻科学发展观，认真落实国家知识产权战略，按照激励创造、有效运用、依法保护、科学管理的方针，将湖南建设成为创新人才集聚、创新机制健全、知识产权丰富、转化渠道畅通、产业效益显著、工作体系完善、发展环境优良的知识产权强省，为建设创新型湖南和实现富民强省提供有力支撑。

（二）基本原则

（6）把握总体要求与突出区域特色相结合。按照国家知识产权战略总体要求和部署，立足我省实际和产业特色，着力发展知识产权事业，提升区域经济社会发展水平。

（7）市场推动与政府引导相结合。以市场为导向，突出企业主体作用，强化政府组织协调和公共服务职能，建立健全知识产权工作机制，发挥中介机构服务作用，提升知识产权工作水平。

（8）鼓励创造与促进转化相结合。鼓励自主创新，掌握核心技术、拥有自主知识产权，努力实现技术、专利、标准的一体化，形成自主创新与产业发展的良性互动。

（9）整体推进与重点突破相结合。在整体推进湖南知识产权事业发展的同时，切实抓好重点区域、重点产业、重点企业、重点领域、重点工程的知识产权工作。

（三）发展目标

（10）根据国家知识产权战略的总体要求，我省知识产权战略实施总体目标为：到2020年，社会公众知识产权意识和政府知识产权管理能力显著增强，创新能力、知识产权保护水平和企事业单位运用知识产权制度的能力明显提高，知识产权密集型产品比重显著上升，自主知识产权的水平和拥有量能够有效支撑创新型湖南建设，"3+5"城市群优势地区全面进入全国知识产权工作先进行列。

（11）根据我省社会经济发展规划，到2015年的具体发展目标为：

——知识产权拥有量明显增长。力争全省年专利申请量超过30000件，年均增长12%以上，优势地区达到20%；发明专利申请和职务申请比例高于全国平均水平；国际专利申请取得重大突破，在支柱产业和国防工业等重要领域形成一批核心专利；长株潭城市群专利申请和授权量进入全国同类城市前列。商标注册申请量年均增长10%以上，农产品商标及地理标志、证明商标占申请总量的20%左右，服务商标占申请总量的15%左右；拥有有效注册商标100000件以上、中国驰名商标100件以上、省著名商标1400件以上。植物新品种权、集成电路布图设计权申请量大幅度提高，植物新品种数量处于国内领先水平。

——知识产权对经济发展的贡献显著提高。工业园区90%以上的企业拥有专利，所有高新技术企业和骨干企业拥有专利和注册商标；工业企业专利实施转化率达到70%以上，规模以上工业企业具有自主知识产权产品的产值占总产值的30%以上；版权产业实现增加值800亿元以上；培育和创建30—40件具有地理标志、集体商标或证明商标保护的湖南名优特产品；自主知识产权产品和自主品牌产品出口分别占总出口量的20%和50%以上。

——知识产权工作体系逐步健全。市州、县区基层知识产权管理和服务机构建设进一步加强，形成权责一致、分工合理、决策科学、执行顺畅、监督有力、与实施知识产权战略相适应的行政管理体制；90%以上大中型企业和科技型中小型企业建立知识产权工作机制，有条件的应当设立相应工作机构并配备知识产权专兼职工作人员；高校、科研院所和各行业协会应配备知识产权工作人员；培育30家左右具有一定规模的专利代理、商标代理、无形资产评估、司法鉴定等知识产权中介服务机构。

——知识产权人才队伍不断壮大。培养一支200人以上具有较高理论水平、熟悉国内外知识产权规则的高级人才队伍；形成一支2000人以上业务能力强、服务水平高的知识产权行政管理、司法审判的管理人才队伍；在企事业单位（包括中介机构、高等院校）建设一支规模20000人以上结构合理的知识产权专业人才队伍，其中包括200名以上专利执业代理人。

——知识产权保护进一步加强。知识产权司法保护和行政执法体系不断健全，知识产权行政执法行为规范有效，知识产权审判和执行力度得到加强。知识产权行政执法案件年结案率超过95%，司法案件年结案率超过90%。支持建立统一审理知识产权民事、刑事、行政案件的工作机制，条件具备的地区建立专门知识产权审判庭。

——知识产权政策体系不断完善。地方性知识产权法规规章逐步健全，从财税扶持、政府采购、重大项目论证、绩效评估、知识产权激励等制度和机制建设入手，加强产业政策、区域政策、科技政策、贸易政策与知识产权政策的衔接，建立完善配套的、具有地方特色的知识产权政策体系。

三　重点任务和专项工程

（一）重点任务

（12）大力推进专利战略的实施，全面提升湖南新型工业化水平。通过知识产权工作试点和优势企业培育，以长株潭两型社会试验区、支柱产业基地、特色产业基地、骨干企业为依托，形成知识产权密集区。推进创新成果的权利化，支持企业、行业组织利用专利技术积极参与标准制定。在先进制造、新材料、信息、现代农业、生物医药、资源环境等技术领域掌握一批核心专利，大幅度提升我省自主知识产权产品的比例，支撑湖南高新技术产业发展与传统产业提升。

（13）深入实施商标战略，增强企业的市场竞争能力。加大以企业为主体创建自有品牌的引导、培育和扶持力度，积极做好中国驰名商标申报推荐和湖南省著名商标行政认定工作，规范中国驰名商标司法认定行为，加强对驰名商标、老字号的保护力度。大力推行优势产业商标战略、名牌战略，重点打造一批知名品牌和地理标志产品。充分发挥出口创新基地的带动作用和政府采购的导向作用，培育一批立足创新、具有较强国际竞争力和市场开拓能力的知名品牌。

（14）积极推动版权兴业，发展创意产业，建设文化强省。充分挖掘和利用著作权资源，扶持我省新闻出版、广播影视、文学艺术、计算机软件、网游动漫等创意产业发展，加强民间文艺等非物质文化遗产的保护和利用，支持具有鲜明湖湘文化特色作品的创作。进一步完善作品登记和转让合同备案制度，拓展版权利用方式，建设版权交易信息平台，促进版权市场化。推进软件正版化，依法打击盗版行为，有效应对互联网等新技术发展对版权保护及产业发展的挑战。

（15）注重农业知识产权，发展有区域特色的现代农业。加强种（养）殖方法、农产品加工领域的专利申请和保护。充分利用我省农业的特色和优势，扶持农林作物和畜牧养殖业的新品种培（繁）育，推动育种创新成果转化为动植物新品种权，加强新品种和动植物遗传资源的保护。充分发挥商标在农业产业化中的作用，对具有传统优势和独有地理环境的农产品，积极采取地理标志等知识产权保护措施，提高市场竞争能力。

（16）依法有效保护知识产权，创造良好自主创新环境。把知识产权保护纳入社会诚信体系建设和市场整治的重要内容，大力加强行政执法体系建设，提高执法效率和水平。有效遏制盗版、假冒等侵权行为，降低维权成本。完善知识产权审判机制，充分发挥司法保护的主导作用。推进知识产权管理体制创新，强化知识产权行政保护和司法保护的部门协调、区域协作机制。

（二）专项工程

（17）为推进知识产权战略实施，各级综合经济部门、知识产权相关部门及司法机关，根据各自职责和业务指导范围，规划组织和引导实施以下专项工程：

——知识产权优势企业培育工程。选择一批骨干企业和成长型中小企业，以政策引导和资金扶持为手段，开展知识产权培育试点。通过完善知识产权管理制度，制定和实施企业知识产权战略，建立知识产权信息库，完善知识产权预警应急机制，促进自主创新成果的知识产权化、商品化和产业化。

——知识产权强县富民示范工程。积极探索县市区知识产权工作的新思路，以知识产权工作县市区试点示范为手段，加大知识产权工作投入，建立健全知识产权管理机构，完善知识产权激励机制、协调工作机制和信息利用机制，优化知识产权政策环境，面向"三农"需求，加大涉农知识产权创造和运用力度，促进县域经济社会事业发展。

——知识产权产业化推进工程。以专利技术产业化、版权兴业、品牌战略为重点，大力发展具有自主知识产权的高新技术产业，促进中医药、陶瓷、烟花、旅游等传统产业知识产权的利用和保护，充分发挥知识产权在现代服务业中的促进作用。引导企业采取知识产权转让、许可、质押等方式实现知识产权的市场价值。大力发展具有自主知识产权的高新技术产业，促进全省产业结构优化。

——长株潭城市群知识产权示范工程。适应长株潭城市群"两型社会"综合配套改革试验区建设的新要求，按照"先行先试"原则，进一步优化长株潭知识产权管理机制，推进知识产权综合管理试点，完善长株潭城市群区域性知识产权服务功能，促进自主知识产权产业的集群化发展，将长株潭试验区建设成为知识产权密集区。

——知识产权人才培养工程。统筹规划知识产权人才队伍建设，加大投入和工作力度，加强培训基础设施和研究基地建设，完善吸引、培养和管理知识产权专业人才相关制度，大规模培养各类知识产权专业人才，重点培养企事业单位急需的知识产权管理和中介服务人才。

——知识产权信息平台建设工程。按照"整合、集成、共享、提升"的基本思路，立足湖南区域特点和产业特色，建设资源丰富、覆盖全省、特色鲜明、专业高效、信息共享的知识产权信息服务平台，引导企事业单位建立知识产权专业数据库和信息利用系统，提升全省知识产权管理、决策、服务的信息化水平。

四　主要措施

（一）健全协调机制，形成知识产权工作合力

（18）加强知识产权工作组织领导。各级政府要重视知识产权工作，切实解决知识产权发展规划、工作体系、专业人才、经费保障等问题。充分发挥各级政府知识产权协调领导小组的统筹协调作用、各业务主管部门的职能作用和各相关部门的协同作用，逐步形成协调有序、运转高效的知识产权工作新格局。

（19）健全知识产权行政管理体系。加强省、市州、县区知识产权行政管理体系建设，建立健全与工作相适应的知识产权管理机构，并配备适应行政管理和执法工作需要的工作人员。结合公务员法的实施，完善知识产权部门公务员管理制度，提升工作人员的宏观管理能力、组织协调能力和综合服务能力。

（二）完善知识产权法规政策体系，强化知识产权政策导向

（20）强化知识产权政策导向。进一步完善知识产权地方法规体系，加强配套措施的制定实施。在制定产业发展、结构调整、科技进步、招商引资、人才引进等政策中要充分体现知识产权导向。政府项目资金优先向具有自主知识产权和良好产业发展前景的项目或产品倾斜。把自主知识产权的拥有、利用、保护及管理作为本省项目立项、资金使用、奖励评优、职称评审以及重点实验室、工程（技术）研究中心、高新技术企业、软件企业、工业园区申报、资质认定与工程实施验收的评价标准之一。凡获得政府资助的重点、重大研究开发、技术改造及产业化项目，必须制定知识产权管理制度。

（21）建立重大经济活动知识产权审议制度。相关主管部门和实施责任主体在制定产业和科技发展规划以及进行重大项目决策和管理时，应当进行知识产权状况评估和跟踪分析。对使用财政性资金或国有资产投入支持的重大建设项目、重大科技专项、重大并购事项、重

点引进项目、重大国际科技合作项目、重点装备进出口、核心技术转让等重大经济活动，实施责任主体要进行知识产权信息分析和风险评估，知识产权管理部门要予以指导和监督。

（22）促进创新成果的合理分享。正确处理知识产权保护和社会公共利益之间的矛盾，防止知识产权滥用，预防和制止不法垄断行为，保护市场公平竞争，构建合理的获取与利益分享机制。积极推进知识产权成果的利用，实现知识产权成果效益的最大化。

（三）突出企业主体作用，着力提升企业运用知识产权制度的能力

（23）突出企业在知识产权工作中的主体作用。建立健全以企业为主体、产学研相结合的自主知识产权创造体系和贯穿于企业研究开发、生产经营、资产营运、人才管理及对外合作各个环节的知识产权工作体系。加强企业知识产权制度和工作机制建设，制定完善企业知识产权评价、激励机制，优化企业知识产权资源配置。大中型企业、科技型中小企业，尤其是高新技术企业，要努力实现知识产权工作的规范化和专业化。

（24）促进企业知识产权的转化和运用。积极推动企业知识产权的商品化、产业化，重视和加强知识产权评估，引导企业采取知识产权转让、许可、质押等方式拓展知识产权的市场价值。围绕湖南产业发展的重点领域，扶持一批技术含量高、市场前景好、带动效应强的自主知识产权项目和产品，培育和扶持一批国家级和省级知识产权产业化基地、试点示范园区，推动高附加值的产品、技术和服务的出口。

（25）提升企业运用知识产权制度参与竞争的能力。企业技术创新以创新成果合法产业化为基本前提、以获取知识产权为追求目标、以形成技术标准为努力方向。深入开展企业知识产权试点示范工作，增强企业知识产权保护尤其是国际市场保护的意识，提高企业法律风险防范的能力和水平，鼓励企业将发展战略与知识产权战略结合起来，培育一批自主知识产权与技术标准有机结合的骨干企业。鼓励企业主动进行知识产权战略布局，引导企业妥善处理知识产权问题和积

极参与行业知识产权共同维权。

（四）完善知识产权服务体系，提高知识产权服务水平

（26）建立健全知识产权公共服务平台。建设知识产权申报、展示、交易、电子政务、信息数据库等公共服务平台。在此基础上，建立健全知识产权信息咨询系统、法律援助系统和知识产权战略决策支持系统。完善知识产权统计体系。建立专利等知识产权展示交易和孵化平台，促进知识产权产业化。

（27）大力推进知识产权信息利用。建设覆盖广泛、信息共享的省市、重点行业、企事业单位的知识产权信息服务网络，逐步建设支柱产业、特色行业、重点企业的知识产权信息数据库。引导企事业单位建立专利信息查询和分析系统，在研发、技术（产品）进出口、权利申请、纠纷诉讼等过程中对专利等知识产权信息进行深层次利用。重点扶持骨干企业建立知识产权信息利用机制，指导企业制定并实施知识产权战略。

（28）充分发挥中介机构作用。加快发展知识产权代理、信息服务、资产评估、司法鉴定和许可转让等各类中介服务机构，鼓励和支持知识产权中介服务机构向专业化、规模化和国际化方向发展，推进中介服务机构品牌建设。加强行业自律，建立诚信信息管理、信用评价和失信惩戒等诚信管理制度。加强知识产权中介机构监督和管理，规范执业行为。

（五）加大知识产权工作扶持力度，完善知识产权保障机制

（29）进一步加大对知识产权工作的投入。各级政府应将知识产权经费纳入同级财政预算，并随财政收入增长逐步增加，切实保障知识产权工作机构运转和事业发展。设立知识产权专项经费，用于知识产权战略实施、优势企业培育、专利申请资助、知识产权保护、专利信息平台建设等工作，重点加大对"3＋5"城市群和经济欠发达地区的扶持力度。市州、县市区财政应设立相关专项经费支持知识产权事业发展。逐步建立"政府引导性投入、企业主体性投入、社会多元化投入"的知识产权投入新格局。鼓励和引导专利技术成果的转化，促进专利质押贷款。引入风险投资，拓宽专利技术运用的融资渠道。建

立政府引导、市场化运作的知识产权风险投资机制。建立健全知识产权专项资金管理制度。

（30）完善知识产权激励机制。建立激励发明创造、促进知识产权利用的有效机制。对为经济社会发展作出重大贡献的专利技术、专利产品及专利发明人给予奖励。根据行政奖励的有关规定，对在知识产权创造、运用、保护和管理中做出突出贡献的集体和个人给予奖励。加大对发明专利和国外专利申请的资助力度，落实支持自主创新的各项财税政策。出台有关支持专利技术产业化的优惠政策，重点支持符合产业发展方向的新能源、环保节能、防灾减灾等专利技术的申请、实施和产业化。对符合国民经济发展要求和产业发展方向的自主知识产权产品，政府予以重点扶持，推动其市场化和产业化。

（六）建立健全知识产权预警应急机制，提升产业竞争力

（31）建立健全重点企业、重点产业知识产权预警体系。加强对知识产权国际规则的研究，积极探索并逐步建立处理重大知识产权纠纷的应对和维权援助机制。加强对外贸易以及会展、技术进出口等活动中的知识产权管理。加强应对知识产权纠纷尤其是重大、涉外知识产权案件的指导。建立健全重点产业知识产权预警体系和危机管理机制。逐步建立湖南支柱产业、特色行业和重点领域的产业标准等技术性贸易壁垒防范机制。

（32）建立健全行业知识产权工作机制。充分发挥行业协会在行业自律、纠纷处理等方面的组织、协调和监督作用，引导行业制定知识产权保护自律规定，协调解决业内知识产权纠纷，积极应对涉外纠纷。鼓励建立行业知识产权维权组织和保护联盟。建立行业自律和企业维权相结合的行业知识产权保护体系。建立健全涉外经济活动中的集体维权机制，加强对重点出口企业、支柱产业和特色产业的知识产权保护及维权援助工作。

（七）提高知识产权执法水平，依法保护知识产权

（33）发挥知识产权司法保护的主导作用。支持完善知识产权审判机制，优化知识产权审判资源配置。进一步提高审判质量和效率，依法严惩知识产权犯罪。加大涉嫌刑事犯罪案件的移送力度，依法及

时惩处严重知识产权侵权行为。全面提升知识产权司法保护水平。

（34）强化知识产权行政执法。健全省、市、县三级行政执法体系，充实基层执法力量，加强行政执法能力建设，依法打击知识产权违法行为。着力改善知识产权执法条件，重点解决专业人员匮乏、经费短缺和执法装备落后等突出问题。建立知识产权重大涉外案件上报制度和重大案件通报制度。进一步加大知识产权举报投诉和维权援助工作力度，建设好中国（湖南）知识产权维护援助中心。

（35）加大海关执法力度。充分利用海关执法机制，维护企业自主知识产权在国际市场的合法权益。引导企业开展知识产权海关备案工作。强化知识产权边境保护，制止侵权货物进出境，维护良好的进出口秩序。

（八）加强人才培养，建设高素质知识产权人才队伍

（36）广泛开展知识产权培训。科学制定本地知识产权人才发展规划，创新培养机制，广泛开展对党政领导干部、公务员、企事业单位管理人员、专业技术人员、文学艺术创作人员、教师等的知识产权培训。

（37）逐步推进知识产权普及教育和学历教育。逐步建立和完善知识产权普及教育机制，将知识产权内容纳入中小学教育课程体系，在全省建设一批知识产权教育示范学校。在高等学校开设知识产权相关课程，将知识产权教育纳入高等学校学生素质教育体系。高等学校应积极创造条件开设知识产权方面的必修课程、增设知识产权硕士点和博士点。鼓励条件成熟的高等院校创办知识产权学院，加快培养知识产权专业人才。

（38）充分发挥各高等院校、各级党校（行政学院）的知识产权人才培训作用。逐步完善全省知识产权培训体系，建设知识产权人才培训基地。将知识产权培训全面纳入党政领导干部、专业技术人员继续教育和职业教育内容。采取境内境外相结合、学历教育与非学历教育相结合等多种方式培养各类专门人才，支持各行业协会和群团组织提供具有行业、专业特色的知识产权培训服务。

（39）完善知识产权人才管理和评价机制。加强知识产权人才队

伍建设和管理，优化人才结构，促进人才合理流动。引导和鼓励企事业单位建立知识产权人才绩效评价和激励机制。充分发挥知识产权人才的专家咨询作用，制定引进知识产权专业人才的政策措施。建立知识产权从业人员评价体系，进一步完善把知识产权作为单位和科技人员绩效考核、职称评定、职务晋升重要内容的考核评价机制。

（九）广泛开展知识产权普及宣传，提高全社会知识产权意识

（40）加大知识产权宣传力度。推进知识产权文化建设，建立政府主导、媒体支撑、社会广泛参与的知识产权宣传工作体系。结合"世界知识产权日""知识产权保护宣传周"，多形式、多渠道地宣传知识产权知识，形成尊重知识、崇尚创新、诚信守法的知识产权文化。加强对知识产权重大事件、典型案例的报道，完善知识产权保护状况发布制度。积极支持群众性的发明创造活动。

（41）加强知识产权法律普及。把知识产权法律普及纳入各级政府普法计划，将知识产权法律知识列入法制教育内容，加大对青少年和社会公众的教育力度，不断扩大知识产权法律宣传的受众面，提高公众知识产权意识。

（十）建立健全战略实施评估制度，促进战略贯彻实施

（42）积极推进区域、行业及企事业单位知识产权战略及规划制定实施。省知识产权局负责统筹协调战略实施工作，指导各有关单位制订战略实施计划。县级以上人民政府应将知识产权事业纳入社会经济发展总体规划。省直相关部门及各市州、县区应根据本行业、本地区实际，制定本纲要具体实施方案并组织实施。

（43）建立健全知识产权战略实施考核评估机制。各级政府要加强对知识产权战略实施的指导和监督，将知识产权指标纳入科学发展、科技进步、新型工业化等相关工作目标考核体系。建立省、市知识产权战略实施评估制度，对知识产权战略任务的完成情况进行阶段评估并予以通报，根据评估结果和社会经济发展要求对发展目标进行调整。

湖南省实施知识产权战略行动计划
（2015—2020 年）
（湘政办发〔2015〕73 号）

根据《国务院办公厅关于转发知识产权局等单位深入实施国家知识产权战略行动计划（2014—2020 年）的通知》（国办发〔2014〕64 号）要求，结合我省实际，制订本行动计划。

一 总体要求

（一）指导思想

以邓小平理论、"三个代表"重要思想和科学发展观为指导，深入贯彻落实党的十八大和十八届二中、三中、四中全会精神，加快实施创新驱动发展战略，按照激励创造、有效运用、依法保护、科学管理的方针，着力加强知识产权创造、运用、保护和管理，积极营造良好的知识产权发展环境，促进知识产权事业与经济社会发展紧密结合，为创新型湖南建设提供支撑。

（二）计划目标

到 2020 年，将湖南建设成为中部地区领先的知识产权省份，长沙市、株洲市、湘潭市进入全国知识产权工作先进城市行列。

——知识产权创造水平显著提升。专利、商标、著作权、植物新品种等知识产权拥有量大幅增加、质量显著提高、结构更加优化。

——知识产权运用能力进一步增强。知识产权转化运用机制进一步健全，转化运用服务平台进一步完善，知识产权融资额度进一步增加，知识产权转化效益明显提高，具有自主知识产权的产品产值比重显著提高。

——知识产权保护状况明显改善。知识产权保护体系更加完善，知识产权侵权假冒行为得到有效遏制，公众知识产权保护意识明显增强。知识产权行政保护与司法保护衔接更加顺畅。知识产权维权援助服务质量日益凸显。

——知识产权管理和服务水平不断提高。知识产权行政管理体制全面理顺，优势企业、高等院校和科研院所普遍建立知识产权管理制度。知识产权服务业规模进一步扩大、水平进一步提升。知识产权人才队伍不断壮大、能力显著增强。

表 1　　　　　2014—2020 年知识产权战略实施工作主要预期指标

指标	2014 年	2020 年
专利申请总量（万件）	4.4	8.8
每万人口发明专利拥有量（件）	2.53	6.7
长株潭地区每万人口发明专利拥有量（件）	10	24
有效注册商标量（万件）	17	28
作品著作权登记量（件）	2000	4000
专利权质押贷款年度金额（亿元）	3.4	20
每亿元工业增加值的发明专利申请量（件）	1.34	1.67
知识产权保护社会满意度（分）	69	80
专利执业代理人数量（人）	180	300

二　重点行动

（一）激励知识产权创造，服务创新发展

1. 强化政策导向。加快实施创新驱动发展战略，充分发挥知识产权对创新驱动的引领和支撑作用。进一步完善激励知识产权创造的各项政策措施，做好区域、产业、科技、贸易、人才等政策与知识产权政策的衔接。在制定产业发展、结构调整、科技进步、招商引资、人才引进等政策中充分体现知识产权导向，进一步发挥知识产权政策在激励发明创造、推动结构调整、促进经济发展方式转变中的作用。

2. 完善考核体系。创新考核方式，加强对市州知识产权工作考核。完善知识产权创造考核指标体系，增强企业、高等院校以及科研院所创新能力。将拥有自主知识产权的创新成果作为高等院校、科研院所专业技术职称评聘的重要依据。将知识产权拥有情况纳入科技项目立项、实施和验收考核的评价指标体系。将获取原创性知识产权作为申报认定和评价湖南省重点实验室、工程实验室、工程（技术）研究中心、企业技术中心、技术创新示范企业等创新平台建设项目的重点内容之一。

3. 加强专利创造。健全专利创造体制机制，支持战略性新兴产业和优势产业发展，建立重点发明专利库，实行动态管理并择优给予资助。探索建立专利协理员制度，选派专利协理员帮助园区、企业挖掘专利。支持园区、企业建立专利工作站。开展规模以上工业企业专利"扫零"工作。推进企业、高等院校、科研院所知识产权创新能力培育试点和知识产权密集型科研院所创建工作。开展专利大户培育工作，重点培育一批年专利申请量和授权量在 1000 件以上的专利大户。继续开展专利奖励工作。

4. 加快发展版权产业。重点支持具有地方特色和发展潜力、符合产业结构调整方向的版权产业发展。在长沙等版权产业发展较好的地区实施"版权优势企业培育工程"，优化版权登记网上平台建设。探索建立以促进版权市场化为核心的版权咨询、纠纷调解、中介交易公共服务平台，推动版权作品登记、版权合同备案和版权质押工作。在作品创作活跃地区建立版权工作站，加强对企业作品登记的指导服务。探索建立对优秀版权作品创作、登记的资助制度和奖励制度，不断提升作品登记的数量和质量。

5. 大力培育商标品牌。实施"一企一标"推进计划，构建布局合理、结构优化的注册商标体系。加强马德里商标等国际注册指导，增加国际注册商标拥有量。挖掘湖湘地理标志资源，加快地理标志商标注册发展。加大重点商标品牌培育力度，充分发挥高知名度商标的品牌效应。加强植物新品种培育，加大支持力度。引导、支持出口企业积极运用自主品牌开拓国际市场，提高自主品牌市场占有率，推进品牌国际化。

（二）促进知识产权运用，助推经济转型

6. 加强知识产权转化。打通知识产权向现实生产力转化的通道，鼓励企业、高等院校、科研院所建立知识产权转化机制。大力发展具有自主知识产权的高新技术产业，在我省传统优势产业和战略性新兴产业中形成一大批具有自主知识产权的核心技术。支持创新主体自行转化实施，推进专利运营试点工作。探索大学生（青年）专利创业模式，支持优秀项目省内转化。建立湖南省知识产权交易服务平台和专利服务平台。

7. 促进知识产权资本化。支持和鼓励市场主体以入股、质押、转让、许可等方式实现知识产权资本化。健全知识产权投融资和交易规则，引导知识产权服务机构开展知识产权信息分析、价值评估、交易转化、托管融资等增值服务。建立知识产权质押融资风险补偿机制，制定风险补偿、贷款补贴和相关政策，逐步构建政府、银行、企业、担保机构及中介机构共同参与的专利权质押贷款风险分担机制。简化专利权质押融资流程，引导金融机构、商业银行积极开展知识产权质押贷款服务。对科技型中小微企业专利权质押贷款进行评估、保险费用补助和贴息补助，拓宽专利技术产业化资金来源。

8. 实施专利导航预警。突出专利导航产业发展作用，围绕重大产业项目，开展专利技术产业化前期工作，为新型产业发展培育权利稳定、市场前景良好的专利项目。建立重大经济活动知识产权评议机制，针对重大产业规划、政府投资项目和涉及国有资产的重大经济活动开展知识产权评议，增强经济活动的知识产权风险防控能力。以优势产业为重点，开展重要技术领域的专利预警。引导知识产权服务机构开展专利导航和专利预警分析。

9. 全面推进试点示范。重点推进县市区、园区、企业、高等院校、科研院所等各类知识产权试点示范工作，培育形成知识产权优势区域和产业集群，为经济社会发展提供强大支撑。建立工业园区专利工作统计通报制度。推进全国版权示范单位创建。开展"知识产权优势企业培育工程升级版"工作，重点支持50家左右优势企业，引导围绕主导产品和重点技术申请发明专利。重点抓好知识产权区域布局试点工作和"知识产权富民强县工程"建设，充分发挥知识产权在促进县域经济发展中的积极作用。

10. 促进信息资源共享开放。推动知识产权基础信息资源向社会开放，促进专利、商标、版权、植物新品种等知识产权信息公共服务平台互联互通。建立与知识产权保护有关的信息公开制度，将恶意侵权行为纳入社会信用评价体系，提高知识产权保护社会信用水平。完善湖南省专利信息服务平台，创新知识产权信息服务和管理模式，建设全省企业专利托管平台，通过网络化服务提升全省中小微企业的知识产权管理水平。

（三）加强知识产权保护，护航经济发展

11. 加强行政执法。加强知识产权行政执法，强化重点领域知识产权行政保护。探索网络电商、展会等领域行政保护制度。开展跨区域、跨部门联合执法，针对重点行业、重要领域和侵权多发地区，开展专项执法行动。推进知识产权保护示范市场创建工作，打造知识产权执法保护示范区。加强行政执法保护能力建设，健全省、市、县三级知识产权行政执法体系，充实完善基层知识产权执法力量，每个市州、县区应明确具有较高水平、熟悉知识产权法律工作人员负责专利行政执法工作。聘请市场调查员，调动社会力量，完善专利保护补充机制。完善统筹协调机制，建立部门定期会商制度，避免执法交叉和监管空白。定期组织执法人员培训。

12. 加强司法保护。完善知识产权审判工作机制，推进知识产权民事、刑事、行政案件的"三审合一"。探索建立知识产权法院，为知识产权法院的组建与运行提供人力、物力、财力等方面的保障和支持。加强知识产权行政执法与刑事司法衔接，建立行政执法与刑事司法衔接工作信息共享平台。推进专利纠纷行政调解协议司法确认工作。加大对侵犯知识产权犯罪案件的侦办力度，对重点案件挂牌督办。

13. 加强维权援助。健全知识产权维权援助体系，发挥中国（湖南）知识产权维权援助中心的作用，推进市州知识产权维权援助分中心建设，为权益人提供知识产权咨询和维权援助。充分利用"12330"

知识产权维权援助热线服务信息平台、维权援助专家团队和志愿者团队，突出重点区域、重点领域、重点企业的维权保护，突出典型事件、经典案例。立足于国内维权，探索建立海外知识产权保护与维权服务平台，延伸海外维权。

14. 推进软件正版化。落实中央和省关于软件正版化有关文件要求，出台和完善正版软件采购、资产管理、经费预算、审计监督、考核和责任追究等配套实施细则。巩固政府机关软件正版化整改成果，推进大中型企业软件正版化工作，实现省属监管企业全部使用正版化软件的工作目标。

（四）强化知识产权管理，推进事业发展

15. 健全管理体系。建立健全与我省经济社会发展相适应的知识产权管理体制，确保市州、县区有执法人员力量，提高知识产权行政效能。充分发挥省知识产权协调领导小组、打击侵权假冒工作领导小组的统筹协调作用、业务主管部门的职能作用和相关部门的协同作用，增强知识产权事业发展合力，巩固形成统一管理、结构合理、协调有序、联动发展的知识产权工作新格局。

16. 加快人才培养。贯彻落实《湖南省知识产权人才发展规划（2011—2020 年）》，加快推进知识产权人才队伍建设，大幅提升人才数量和质量。组建知识产权专家顾问团队，在战略策划、重大评议、执法维权、信息利用等重点领域发挥顾问团队的引领和智囊作用。加强中南大学知识产权研究院、湘潭大学知识产权学院、湖南大学国家知识产权（湖南）培训基地建设和远程教育平台建设，在高等院校形成知识产权本科生、硕士生、博士生等层次完整、特色鲜明的知识产权人才培养体系。探索政府、企业、高等院校联合培养模式。加大对专利执法人员、专利工程师、专利代理人和高等院校知识产权师资的培养力度。加强对外合作交流，培养具有国际视野的知识产权复合型人才。

17. 促进知识产权服务业发展。营造知识产权服务的行业环境，扶持和培育3—5 家集专利申请、诉讼维权、信息服务等综合业务为一体的知识产权服务机构。支持知识产权服务机构向专业化、规范化和国际化方向发展。充分发挥省专利代理人协会等行业协会的平台作用，探索建立服务标准化体系，培育形成知识产权服务联盟。优化知识产权服务行业市场环境，规范行业服务行为，严格知识产权服务机构市场准入，打击非正规代理等行为。

18. 开展知识产权统计调查。开展知识产权统计监测，全面反映知识产权的发展状况。逐步建立知识产权产业统计制度，完善知识产权服务业统计制度，明确统计范围，统一指标口径。开展知识产权服务业问卷调查工作和统计分析工作，全面掌握全省知识产权服务业发展状况。

19. 加强舆论环境建设。充分利用报纸杂志、广播电视、网络等媒体，全方位、多角度宣传知识产权知识。将知识产权知识纳入普法教育内容，纳入中小学教育课程体系，建立一定数量的知识产权宣传教育示范学校。加强知识产权宣传工作，重点宣传典型人物、典型单位、典型事例，不断扩大知识产权战略的社会影响力，提高知识产权工作的社会满意度。

三　保障措施

（一）加强组织领导

各级各部门要切实加强知识产权战略实施行动计划推进工作的领导，认真组织实施，定期研究解决实施过程中的具体问题和困难。要将实施知识产权重点任务纳入国民经济和社会发展总体规划统筹考虑、抓好落实。省知识产权协调领导小组要发挥牵头作用，认真履行职责，建立完善相互支持、密切协作、运转顺畅的工作机制。

（二）加强财政投入

各级各部门要增加知识产权投入，引导各类科技研发、成果转化及产业化项目资金向拥有自主知识产权、能够形成自主知识产权的项目倾斜。财政部门要安排资金支持知识产权战略实施工作，引导财政资金向知识产权产业化方向倾斜。完善知识产权资助政策，制定出台《湖南省知识产权战略推进专项资金管理办法》等文件。

（三）加强监督检查

省知识产权协调领导小组要组织相关单位加强对各市州知识产权战略实施行动计划工作的监督指导。各市州要按照行动计划的部署，制订相应的行动计划，建立工作目标责任，扎实推进。市州和省直相关部门要对知识产权战略实施行动计划落实情况开展监督检查，并及时向省知识产权协调领导小组办公室通报情况。

参考文献

［1］ 林珏、王缙凌：《世界知识产权保护动向与中国自贸试验区知识产权管理体制创新》，《海关与经贸研究》2015 年第 3 期。

［2］ 孙彩红、宋世明：《国外知识产权管理体制的基本特征与经验借鉴》，《知识产权》2016 年第 4 期。

［3］ 刘兴华：《TRIPs 与国内知识产权制度改革：中国与印度的比较研究》，《南亚研究》2010 年第 1 期。

［4］ 付明星：《韩国知识产权政策及管理新动向研究》，《知识产权》2010 年第 2 期。

［5］ 雷艳珍：《日本知识产权行政管理的改革及对我国的启示》，《特区经济》2009 年第 7 期。

［6］ 易继明：《构建集中统一的知识产权行政管理体制》，《清华法学》2015 年第 6 期。

［7］ 董宏伟：《武汉市知识产权管理体制改革和创新研究》，《长江论坛》2014 年第 6 期。

［8］ 九三学社中央：《新常态下我国亟须建立统一的知识产权综合行政管理体制》，《人民政协报》2016 年第 4 期。

［9］ 陈明媛：《论市场经济环境下知识产权行政管理部门的职能转变》，《知识产权》2015 年第 1 期。

［10］《湖南省知识产权工作"十一五"及 2010 年总结》，湖南省知识产权局网站，http：//www. hnipo. gov. cn/xxgk/ghjh/201302/t20130227_ 3147793. html。

［11］ 黄亦鹏、魏国平等：《区域创新、产业集群发展与知识产权战略研究》，《科技管理研究》2014 年第 21 期。

［12］史贞:《知识产权战略:新兴产业发展的新环境与新动力》,《理论与改革》2014 年第 3 期。

［13］冯晓青:《技术创新、知识产权战略模式的互动关系探析》,《知识产权》2014 年第 4 期。

［14］马一德:《创新驱动发展与知识产权战略实施》,《中国法学》2013 年第 4 期。

［15］吴颖、钟海粒:《国家创新系统中知识产权战略作用机制研究》,《知识产权》2012 年第 8 期。

［16］董涛:《"国家知识产权战略"与中国经济发展》,《科学学研究》2009 年第 5 期。

［17］何建昆:《我国知识产权综合管理体制改革提速》,《科技日报》2017 年第 3 期。

［18］杨美琳:《我国知识产权行政管理体制的改革与完善》,《金融教学与研究》2012 年第 3 期。

［19］王小龙、李冰:《两岸知识产权行政管理部门设置及其职能比较研究》,《重庆社会主义学院学报》2012 年第 3 期。

［20］邰中林:《知识产权授权确权程序的改革与完善》,《人民司法》2010 年第 19 期。

［21］董宏伟:《武汉市知识产权管理体制改革和创新研究》,《长江论坛》2014 年第 6 期。

［22］杨美琳:《我国知识产权行政管理体制的改革与完善》,《金融教学与研究》2012 年第 3 期。

［23］《全国政协常委赵雯:推进知识产权行政管理体制改革》,东方网,http://news.eastday.com/c/lh2016/u1ai9240918.html。

［24］叶宗雄、丁海涛、许春明:《上海浦东知识产权综合行政管理体制探索与实践》,《中国发明与专利》2015 年第 3 期。

［25］《第 3017 号关于改革与健全知识产权行政管理体制的提案》,人民网—中国政协新闻网,2012 年 3 月 13 日。

［26］王淇:《知识产权如何集中统一管理》,《光明日报》2016 年 4 月 22 日。

［27］孙玉芸：《美国知识产权战略的实施及其启示》，《企业经济》
2011 年第 2 期。

［28］赵玲玲：《以技术创新推进湖南新型工业化研究》，《中南林业
科技大学学报》（社会科学版）2007 年第 2 期。

［29］山世英：《中国知识产权贸易竞争力的国际比较》，《改革与战
略》2015 年第 1 期。

［30］张博：《知识产权优势也是核心竞争力》，《中国有色金属》
2014 年第 22 期。

［31］雒园园：《区域知识产权竞争力：内涵、要素及形成机理研
究》，《科技管理研究》2014 年第 9 期。

［32］徐娴丽、李雁玲：《我国知识产权贸易的国际竞争力分析》，
《价格理论与实践》2011 年第 5 期。

［33］李书菁：《知识产权竞争力在国际贸易中的体现和影响》，《商
品与质量》2011 年第 3 期。

［34］杜蓓蕾：《知识产权质押制度研究》，硕士学位论文，上海大
学，2005 年。

［35］张广宁：《破解中国中小企业融资困境的对策研究》，博士学位
论文，辽宁大学，2009 年。

［36］俞锋：《中小企业知识产权质押融资的法律风险及应对策略》，
《改革与战略》2013 年第 2 期。

［37］宋伟、胡海洋：《知识产权质押贷款风险分散机制研究》，《知
识产权》2009 年第 4 期。

［38］马维野：《知识产权价值评估能力建设研究》，知识产权出版社
2011 年版。

［39］谢黎伟：《美国的知识产权融资机制及其启示》，《科技进步与
对策》2010 年第 24 期。

［40］李文江：《构建专利权质押贷款的风险防范体系》，《金融理论
与实践》2010 年第 7 期。